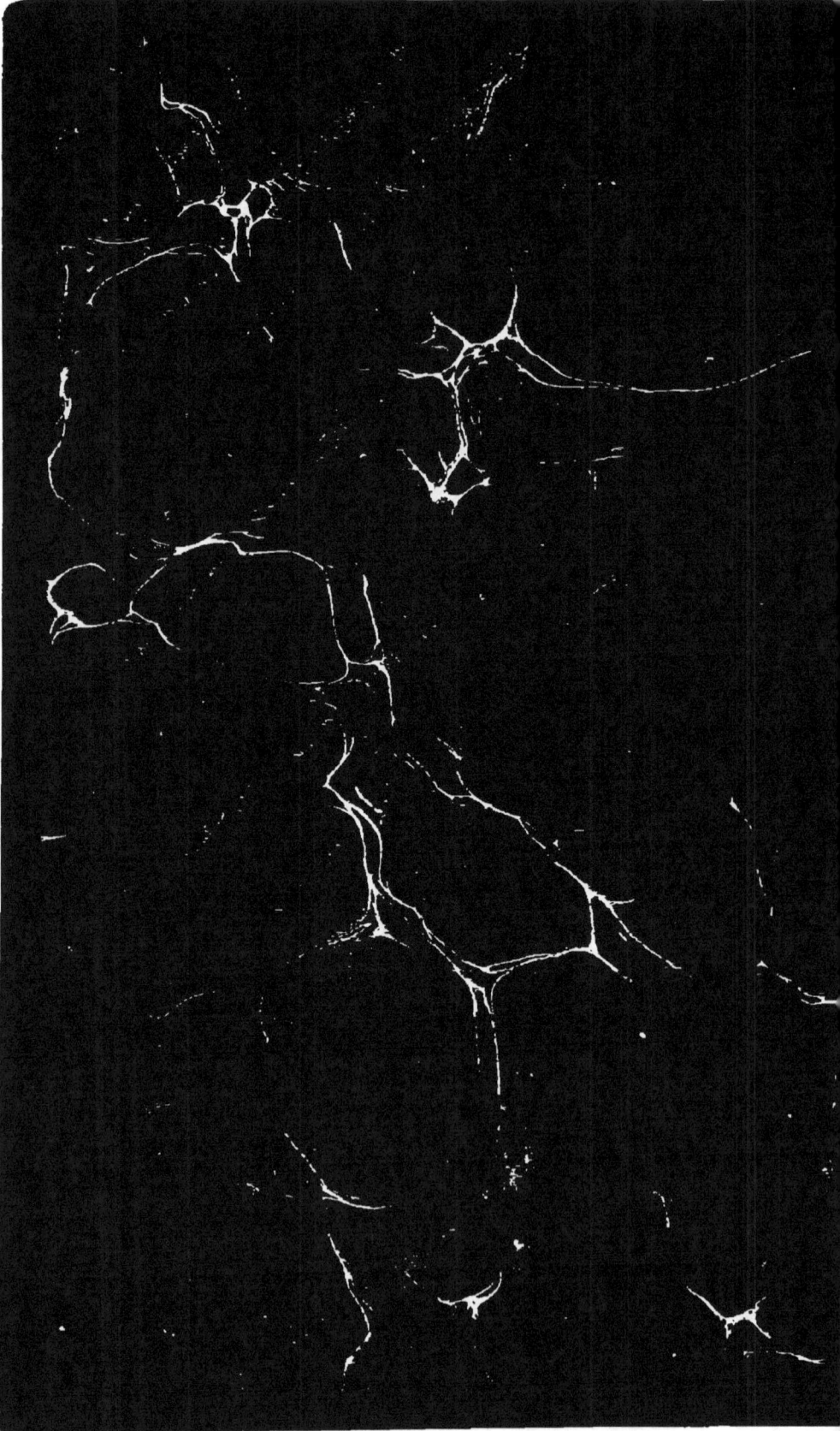

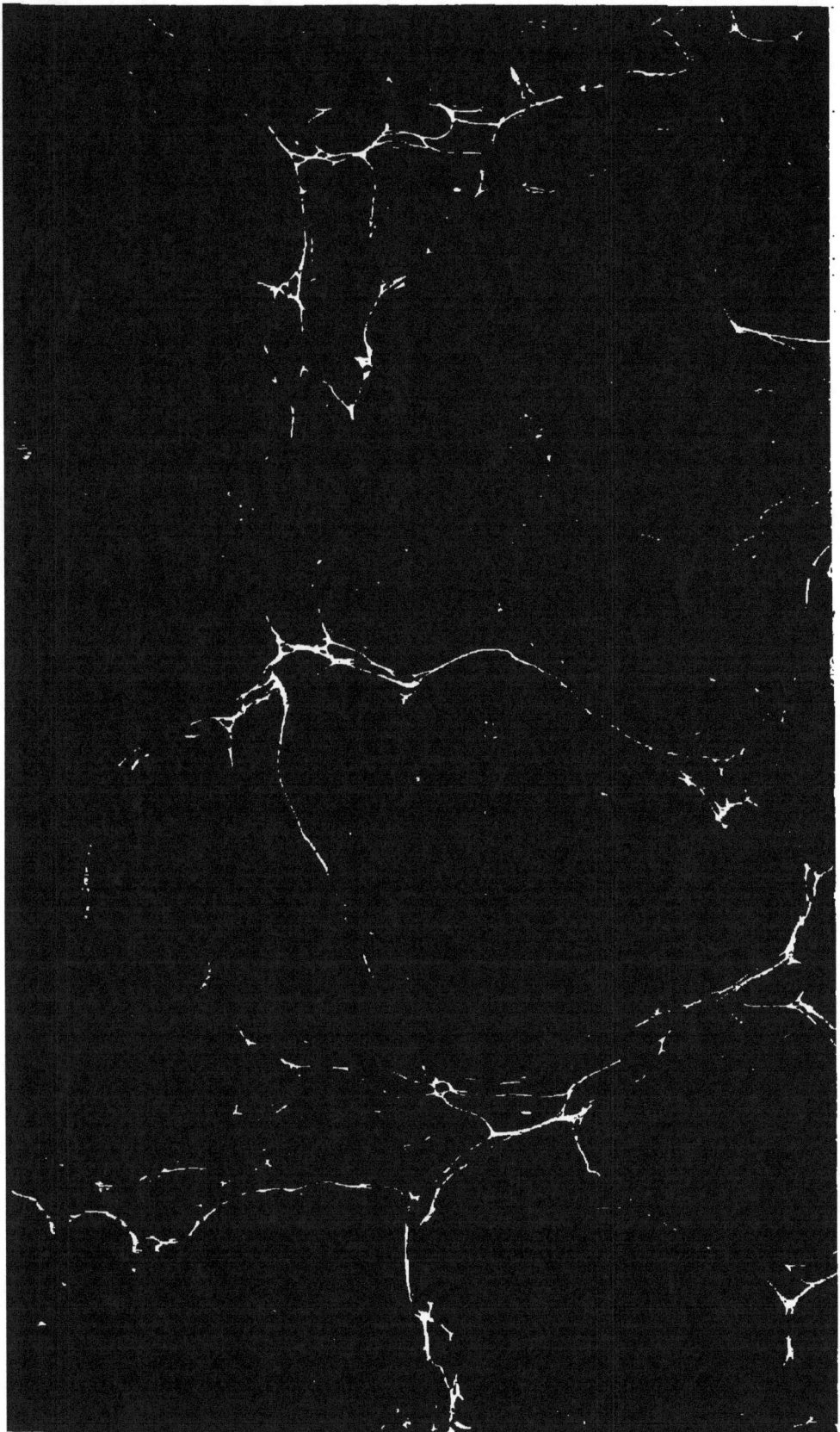

LK 3578

GUIDE

DU VOYAGEUR A LA TESTE

ET AUX ALENTOURS

Du Bassin d'Arcachon;

PAR O. D.

VADE-MECUM INDISPENSABLE AUX VOYAGEURS SUR LE CHEMIN DE FER, AINSI QU'A TOUTES LES PERSONNES QUI VONT PRENDRE LES BAINS DE MER SUR LA CÔTE D'ARCACHON.

—

Ouvrage entièrement nouveau et accompagné de la Carte d'une portion des départements de la Gironde et des Landes.

—

BORDEAUX,

P. CHAUMAS-GAYET, LIBRAIRE-ÉDITEUR,
fossés du Chapeau-Rouge, 34.

1845.

GUIDE
DU VOYAGEUR A LA TESTE
ET AUX ALENTOURS
Du Bassin d'Arcachon.

CHAPITRE PREMIER.

Chemin de fer de Bordeaux à La Teste.

Le chemin de fer de La Teste est un des premiers que l'on ait construits en France, où tant de localités, plus riches et plus productives que les Landes, demandent encore sans succès la création de semblables voies de communication, dont l'établissement dispendieux est le partage des pays privilégiés. Ce n'est donc pas sans étonnement que l'on trouve un *rail-way* de Bordeaux à La Teste, dans cette contrée peu populeuse et si pauvre en apparence. Nous disons: *en apparence*, car cette pauvreté n'est pas réelle... Le Landais se contente de si peu, qu'il cède à son apathie naturelle, et se donne rarement la peine de développer les germes de prospérité qui l'entourent; il puise nonchalamment à quelques-unes des sources de richesse qui coulent devant lui, sans s'occuper de faire jaillir celles que la Providence a cru ne devoir accorder qu'à sa persévérante industrie, à son travail ingénieux et assidu.

Il ne faut donc pas que le voyageur se hâte de juger ce pays trop long-temps méconnu : ce n'est pas en un seul jour qu'il peut se former sur son compte une idée précise, l'apprécier à sa juste valeur. Cet avis, que nous nous empressons de consigner au début de notre œuvre, nous est suggéré par l'expérience. En général, tous ceux qui ont exploré les Landes, les ont visitées trop superficiellement, et ils sont partis en les regardant comme une nouvelle terre promise, ou bien en leur refusant jusqu'au moindre don de la nature. Un fol engouement ou d'injustes dédains ; voilà donc ce qu'elles ont obtenu jusqu'à présent; que l'on veuille bien les observer avec attention, se donner la peine de bien voir, afin de bien juger, et l'on se convaincra bientôt qu'elles ne méritent

> Ni cet excès d'honneur, ni cette indignité.

Cela dit, nous revenons au chemin de fer, car c'est de lui que nous devons spécialement nous occuper dans ce premier chapitre.

L'adjudicataire primitif a été M. Fortuné de Vergès, si honorablement connu dans le département de la Gironde, par la magnifique construction du pont de Cubzac, l'un des plus beaux chefs-d'œuvre du genre. C'est ce savant ingénieur qui a également fait exécuter les travaux du chemin de fer de La Teste ; car, bien qu'il ait tout d'abord cédé sa concession à la compagnie anonyme, formée en 1838 pour la confection et l'exploitation de ce chemin, il s'est néanmoins chargé de l'exécution des plans qu'il avait tracés et des hardis projets qu'il avait conçus.

Commencé en 1838, le travail était achevé en 1841, et c'est le 6 juillet de la même année que l'inauguration de cette nouvelle voie a eu lieu, au sein des populations environnantes, appelées, autant par le besoin de se convaincre de la réalité du bienfait dont elles allaient jouir, que par le désir de joindre leurs prières à celles de Monseigneur Donnet, archevêque de Bordeaux, qui était venu, accompagné des premières autorités du département, bénir l'œuvre achevée et appeler sur elle la protection du ciel.

Le lendemain, 7 juillet, le service régulier des convois fut mis en activité ; depuis lors il n'a subi aucune interruption. Chaque jour deux convois ordinaires partent de Bordeaux et de La Teste, et font le trajet dans deux heures et demie au plus, y compris tous les temps d'arrêt aux stations intermédiaires.

La Société est dirigée par un conseil d'administration composé de huit actionnaires principaux et présidé par M. D.-G. Mestrezat, négociant de Bordeaux, homme profondément attaché à la prospérité des Landes, et dont tous les efforts ne cessent de tendre à l'amélioration de la contrée. Le directeur de l'administration est M. Félix L. Pereyra.

La longueur totale du chemin de fer est de 52,300 mètres ; il n'a qu'une seule voie, mais la zône de terrain acquise permettrait d'en placer une seconde si le besoin du service venait à l'exiger. En outre des deux têtes de Bordeaux et La Teste, il possède vingt *gares* ou stations intermédiaires, où les voyageurs ainsi que les marchandises peuvent prendre et quitter les convois. Soixante-six gardes ou cantonniers sont échelonnés sur la ligne pour la tenir en bon état, faire les signaux nécessaires, rendre impuissants les efforts de la malveillance et assurer la marche des convois contre tous les accidents qui pourraient provenir de la voie. D'un autre côté, le soin avec lequel les locomotives et les waggons sont visités à leur départ de Bordeaux, l'attention que l'on met à les tenir toujours en parfait état, et la surveillance active de l'administration de la Compagnie à cet égard, sont une bonne garantie de la sûreté des voyageurs en ce qui concerne cette autre portion du service.

C'est donc avec la plus entière confiance que l'on peut voyager sur le chemin de fer de La Teste, auquel il n'est du reste arrivé, depuis qu'il a commencé son service régulier, aucun accident de la moindre gravité.

CHAPITRE II.

Voyage de Bordeaux à La Teste. (*)

Renseignements divers pour le départ. - Itinéraire.

§ I.er

Renseignements divers pour le départ.

Nous n'avons pas besoin de dire que, pour s'embarquer sur le chemin de fer, il est inutile d'arrêter sa place d'avance; pourvu que l'on se décide une demi-heure avant le départ, on peut toujours profiter du convoi : c'est là un des meilleurs avantages de cette nouvelle manière de voyager.

On trouve sur la place de la Comédie des omnibus qui correspondent avec le chemin de fer

---

(*) Pour Bordeaux, il existe un *Guide de l'Étranger*, 1 vol. in-18, FIGURES; prix 1 fr. 25 c., chez le même libraire.

et Pessac; ils stationnent vis-à-vis le Grand-Théâtre, au coin de la rue Esprit-des-Lois; leur prix est de 0,25 c. par personne.

Dans l'été on peut déposer ses bagages au bureau auxiliaire du chemin de fer, établi place de la Comédie, n° 52, d'où ils sont transportés par l'administration à la gare de Ségur (*). Dans l'hiver ce bureau n'existant pas, il faut absolument les envoyer à la gare, où il est indispensable qu'ils arrivent un quart-d'heure, au moins, avant le départ du convoi, si le voyageur ne veut courir le risque de se mettre en route sans ses effets.

Le poids accordé est de 15 kilo. par place; le surplus est payé à raison de 2 fr. 10 c. par 100 kilogrammes. Il y a, en outre, un droit d'enregistrement de 0,10 c., quel que soit le poids du bagage; c'est en payant cette somme que l'on reçoit le bulletin sur le vu duquel, à la descente, on délivre ses effets au voyageur.

Les heures des convois étant plusieurs fois changées pendant l'année, et ne se trouvant pas, dans la semaine, les mêmes que le dimanche et les jours fériés, nous ne pouvons point les donner ici; mais il est toujours facile de les connaître exactement, soit par les journaux de Bordeaux, soit à la Bourse, à la Poste, au bureau de la place de la Comédie, ou bien à la gare.

Le prix des places est ainsi fixé dans le tarif approuvé par M. le Préfet de la Gironde, le 5 juillet 1841 :

(Voir le Tarif d'autre part).

(*) C'est aussi devant le bureau auxiliaire que stationne l'omnibus pendant l'été; il se met en route pour la gare demi-heure avant le départ du convoi.

DE BORDEAUX à	1.re CLASSE.	2.me CLASSE.	3.me CLASSE.	DE LA TESTE à	1.re CLASSE.	2.me CLASSE.	3.me CLASSE.
La Médoquine...	»f 75c	»f 60c	»f 45c	Meyran...	»f 60c	»f 45c	»f 30c
Pessac...	1 »	» 80	» 60	Gujan...	» 70	» 55	» 35
Saint-Médard...	1 40	1 10	» 85	Mestras...	» 80	» 60	» 40
Gazinet...	1 90	1 50	1 15	Cantaranne...	1 »	» 80	» 50
Toquetoucau...	2 30	1 85	1 35	Le Teich...	1 30	1 »	» 65
Pierroton...	2 55	2 05	1 55	Lamothe...	1 65	1 25	» 80
Verdery...	2 95	2 35	1 65	Facture...	1 85	1 40	» 90
Chemin de Mios...				Cameleyre...	2 05	1 60	1 »
Marche-Prime...				Canauleye...	2 25	1 75	1 10
Biard...	3 30	2 50	1 75	Argentières...	2 45	1 90	1 20
Argentières...				Biard...	2 75	2 15	1 35
Canauleye...	3 40	2 60	1 80	Marche-Prime...	3 40	2 40	1 55
Cameleyre...	3 70	2 85	1 85	Chemin de Mios...	3 40	2 60	1 70
Facture...	3 80	2 95	1 90	Verdery...	3 60	2 80	1 80
Lamothe...	4 10	3 20	2 05	Pierroton...	3 90	3 »	1 90
Le Teich...	4 45	3 40	2 20	Toquetoucau...	4 35	3 35	2 15
Cantaranne...	4 65	3 60	2 30	Gazinet...	4 75	3 65	2 35
Mestras...	4 85	3 75	2 40	Saint-Médard...	4 95	3 80	2 45
Gujan...	4 95	3 80	2 45	Pessac...	5 25	4 »	2 60
Meyran...	5 05	3 90	2 50	La Médoquine...	5 50	4 25	2 75
La Teste...	5 30	4 25	2 75	Bordeaux...			

Dans la belle saison, l'administration du chemin de fer délivre, tous les dimanches, des billets qu'elle nomme *spéciaux*, pour aller à La Teste et aux stations intermédiaires, et en revenir le même jour, aux prix ci-après, tout compris :

Premières, 6 fr. — Deuxièmes, 4 fr. 50 c. — Troisièmes, 3 fr. C'est là une très bonne mesure qui profite à la fois et à la Compagnie du chemin de fer et au pays.

Les voitures de première classe sont bien suspendues, rembourrées de tous les côtés et divisées par compartiments entièrement fermés pouvant contenir dix personnes au plus. Celles de seconde classe, beaucoup moins bien suspendues, ne sont point rembourrées; les bancs seuls ont des coussins; les portières sont fermées par des vitres. La troisième classe n'a point de coussins, les portières n'en sont point vitrées, ce qui occasione un violent courant d'air, mais les waggons sont bien couverts et l'on est à l'abri de la pluie et des étincelles qui n'atteignent ainsi les voyageurs que par les côtés.

Les personnes qui aiment à voyager en nombreuse compagnie peuvent prendre les voitures de troisième classe; elles y trouveront toujours une grande quantité de monde de tout rang, de tout sexe, de tout âge et de toute espèce.... Aux secondes, il y a moins de foule, on est à l'abri du vent presque toujours trop frais, et l'on trouve cependant à qui parler, si l'on est causeur. Les waggons de première classe sont généralement peu fréquentés quoiqu'il y ait entr'eux et les autres une différence plus grande que le prix ne l'indique; si l'on tient à faire commodément et solitairement le voyage, c'est dans un de ces waggons qu'il faut monter, en ayant bien soin, toutefois, de choisir une des véritables voitures de première classe, et de ne pas s'enfermer dans le dernier compartiment d'une voiture de seconde classe arrangé tant bien que mal en voiture de première. On serait peu content de cette erreur, car ce qui fait surtout le mérite des waggons de première classe, ce sont les ressorts de choc, qui dans les autres voitures sont remplacés par de simples tampons.

Maintenant que le voyageur sait tout ce qu'il lui faut faire pour bien entreprendre son voyage, nous le laisserons prendre son billet pour monter ensuite avec lui dans la salle d'attente, et nous appliquer de notre mieux à guider sa marche jusqu'à La Teste.

§ II.
Itinéraire.

Gare de Ségur (Bordeaux). — Après avoir gravi un bel escalier de pierre construit à l'extérieur, le voyageur arrive aux salles d'attente, dont la simplicité est on ne peut plus grande : il a laissé derrière lui et à sa gauche, en montant, le vaste bâtiment dans lequel sont établis les bureaux de l'administration et dont la façade principale, donnant sur la rue, se présente la première quand on arrive à la gare.

Bientôt un coup de sifflet se fait entendre, les portes s'ouvrent, et l'on entre dans le spacieux hangar sous lequel sont remisés les convois. Ce bâtiment est à la fois simple et gracieux comme toutes les constructions faites par la compagnie.

En montant en voiture on aperçoit de beaux et vastes ateliers pour l'entretien et la réparation du matériel. On obtient facilement la permission de les visiter en s'adressant à M. F. L. Pereyra, directeur de l'administration, dont l'obligeance est extrême et qui se fait toujours un plaisir de donner aux étrangers la faculté d'admirer en détail tout ce que la gare de Ségur renferme d'intéressant à voir.

Mais ce n'est pas maintenant l'heure d'accomplir cette attrayante visite ; la cloche a sonné, le dernier coup de sifflet du chef de gare a retenti, la locomotive a jeté son cri de liberté, elle s'élance sur les rails....... Cependant, tout aussitôt, elle s'arrête, et, après avoir changé de voie, elle nous repousse en arrière : ce sont les waggons chargés de marchandises que l'on accroche à la suite des voitures destinées aux voyageurs. Cette opération est promptement faite, la lourde machine s'ébranle de nouveau, et cette fois elle prend son essor définitif.

Nous voilà donc en route ; dans deux heures nous serons à La Teste, après avoir parcouru, sans fatigue et sans ennui, près de 53 kilomètres. Aussi la vapeur nous remorque-t-elle de plus en plus vite, et c'est à peine si nous avons le temps de jeter en passant un coup d'œil sur les délicieuses *villas*, les excellents vignobles qui bordent le chemin des deux côtés.

La route départementale n° 4 qui conduit de Bordeaux à La Teste, est à quelques centaines de mètres de distance sur la droite.

Gare de la Médoquine. — Nous sommes à 1,770 mètres de notre point de départ. Cette grande maison carrée, qui s'élève à peu de distance sur la gauche, est le manoir de l'ancien domaine de Chollet, qui formait la portion la plus notable de la sénatorerie de Bordeaux, donnée par l'empereur au maréchal Pérignon en 1804. Le nouveau sénateur échangea bientôt cette propriété contre un domaine aux environs de Paris, et l'Etat, qui en redevint propriétaire, le vendit, sous la Restauration, au possesseur actuel.

Aux environs de la Médoquine, située sur la commune de Talence, se trouvent des carrières abondantes de pierre calcaire, dont le chemin de fer transporte une grande quantité sur toute la ligne jusqu'à la Teste.

En continuant notre route, nous apercevons, à droite : d'abord la propriété de la Mission, dont les vins sont fort estimés ; ensuite le domaine de Haut-Brion, célèbre par ses bons vins rouges, *premier crû de Graves*, et dont le château s'élève tout au bord de la route départementale. Mais le bruit de notre marche devient plus fort ; le convoi vient d'atteindre un magnifique viaduc, élevé pour conduire le rail-way à travers le vallon qui s'étend depuis la côte de Haut-Brion jusqu'au village de Pessac. Ce viaduc a 920 mètres de longueur, 10 mètres 80 c. de hauteur, au niveau de la voie, et 3 mètres 50 c. de largeur, entre les parapets ; ses arches sont au nombre de 91 : elles ont chacune 10 mètres d'ouverture, sur une élévation intérieure de 5 mètres 05 c. à 9 mètres 90 c. C'est un très beau travail.

L'église devant laquelle nous passons ensuite, est celle de Pessac, dont le cimetière et ses modestes monuments semblent placés là pour nous rapler, à nous que la vapeur emporte d'une course rapide et qui nous énorgueillissons peut-être de la grandeur de l'esprit humain, qu'il est un terme où tout s'arrête, et devant lequel le génie lui-même est contraint de courber religieusement la tête.

Gare de Pessac. — Cette station, située à 4,450 mètres de Bordeaux, et à laquelle nous sommes arrivés en traversant une foule de jolis biens de campagne, est placée tout auprès de l'église, sur le bord occidental du village.

Pendant l'été, Pessac est le lieu de promenade d'une partie notable de la population de Bordeaux, qui, moyennant une faible somme (0,50 c. dans les voitures de première classe, et 0,25 c. dans celles de seconde), se donne à la fois le plaisir de voyager sur le chemin de fer et l'agrément de respirer tout à son aise l'air pur d'une des plus jolies campagnes des environs de Bordeaux, car Pessac et ses alentours sont délicieux dans la belle saison.

Après avoir traversé les acacias qui entourent le chemin, au sortir de cette gare, nous apercevons, sur la droite, le domaine du *Pape Clément*, ainsi appelé parce que les vignes qui le composent ont appartenu à l'archevêque Bertrand de Got, élu pape en 1305, sous le nom de Clément V. Les produits de ce vignoble, devenu, à l'avénement de Bertrand au trône pontifical, la propriété de l'archevêché de Bordeaux, qui le conserva jusqu'en 1791, sont très renommés : ils ont donné lieu récemment à un procès intenté par le propriétaire actuel, contre quelques-uns de ses voisins, qui avaient voulu élever leurs vins à la dignité de *Vins du Pape Clément*, et que le tribunal a forcés de revenir à des sentiments plus conformes à l'humilité chrétienne, — cette admirable vertu, que le licencieux Clément V prisait beaucoup moins sans doute que les vins de son domaine de Pessac, pour lesquels il avait une prédilection toute spéciale.

Gare de Saint-Médard. — Les environs de cette station n'étaient, il y a quelques années, que de la lande inculte, on y voit maintenant de belles plantations de pin maritime (*pinus maritima*), le seul que l'on cultive dans ces contrées, où il réussit merveilleusement et donne un très bon revenu. La plupart de ces plantations ont été faites par suite de l'établissement de la route départementale de Bordeaux à La Teste, dont l'exécution est due en grande partie à M. le baron d'Haussez, qui, comme on le sait, avant d'entrer au ministère, fut pendant plusieurs années préfet de la Gironde. Ce digne administrateur avait pour les Landes en général, et pour La Teste en particulier, une affection véritable, qui n'a malheureusement pas eu le temps de porter tous ses fruits.

Tout à côté de la gare on voit une tuilerie dont la construction ne date que de la fin de 1844. Après avoir quitté les grands pins, arrive un jeune semis, à l'extrémité duquel, à gauche, s'élève une très belle maison, construite en 1843.

En quittant Saint-Médard, nous n'étions qu'à 7,040 mètres de notre point de départ; à la gare suivante, nous aurons parcouru 10,975 mètres, et nous aurons pu admirer, en arrivant, à droite, la jolie propriété de l'un de MM. les directeurs du chemin de fer, qui a transformé de tristes landes en un riant domaine, où l'on remarque surtout des mûriers de la plus belle venue.

Gare de Gazinet. — Autrefois, lorsque l'on était obligé de faire à cheval ou en charrette à bœufs le voyage de La Teste à Bordeaux, trajet qui ne demandait pas moins de deux ou trois jours, autrefois, disons-nous, on ne parlait pas sans une certaine frayeur du passage de Gazinet ou *Gaginet*, qui non-seulement était fort dangereux à cause de ses marécages, mais encore avait la réputation, peu méritée peut-être, de servir d'asile à de hardis voleurs. Aujourd'hui nous allons de Bordeaux à La

Ce petit volume, écrit à la hâte, présente sans doute beaucoup d'imperfections; néanmoins, comme il renferme de bonnes choses, il était utile de le faire paraître dès le commencement de cette saison, afin de ne pas toujours voir l'étranger, qui arrive à La Teste ou dans ses environs, privé de toute espèce de renseignements et obligé de questionner la première personne qu'il rencontre sur la route.

Éclairer la marche du voyageur, empêcher que l'on n'exploite sa confiance ou sa crédulité, le prémunir contre la plupart des mécomptes auxquels on est sans cesse exposé dans un pays que l'on ne connaît pas, tel est donc l'unique but de cet opuscule : l'auteur s'estimera heureux si son travail peut être de quelque utilité, et c'est dans cet espoir qu'il le livre au public. Si, par malheur, il s'est trompé, que ce but soit mal rempli, qu'il n'ait écrit qu'un mauvais bouquin aussi insignifiant que tant d'autres, qu'on le lui pardonne du moins en faveur de sa bonne intention et de l'exiguité du volume. Ce dernier mérite surtout est digne de bienveillance, car il devient très rare de nos jours, où l'on cherche constamment à racheter la qualité par la quantité.

Quoi qu'il en soit de cette petite œuvre, son auteur a eu besoin, pour l'écrire, d'une foule de renseignements, qui lui ont été trop précieux pour qu'il oublie de remercier ici les personnes dont il a réclamé le concours obligeant et éclairé; il les prie donc de recevoir en ce moment l'expression de sa profonde gratitude.

Juin 1845.

Teste en deux heures, et nous n'avons à craindre ni voleurs ni marécages : n'est-ce pas là plus qu'il n'était permis d'espérer ?

Gaginet forme un petit quartier dépendant de la commune de Pessac et composé seulement de quelques rares maisons disséminées.

Au moment d'arriver à la station suivante, le convoi passe au milieu de champs nouveaux ; ils composent une ferme dont les cultures s'agrandissent chaque année et qui appartient à l'ancien gérant du chemin de fer.

Gare de Toquetoucau. — Ce nom de *Toquetoucau*, sur lequel nous voyons chaque fois quelque voyageur nouveau épuiser sa science philologique, jouit aussi du privilége de subir les plus burlesques transformations. Voici sa véritable étymologie :

En patois, *Toque toutt chaou* signifie, quand on l'applique aux animaux, *conduis tout doucement*, ne presse pas ton attelage, *touche* bien légèrement tes bœufs avec l'aiguillon. Ce conseil, que les vieux Landais ne manquaient jamais de répéter au départ, en songeant au lieu où nous sommes, était indispensable à mettre en pratique, car la traversée des marais qui nous entourent était si dangereuse, autrefois, que bœufs et charrette, cheval et cavalier, risquaient fortement de s'y engloutir si les plus grandes précautions n'étaient pas prises. Le nom est resté au quartier, et le chemin de fer qui, pour plus de commodité, a voulu conserver les anciennes dénominations, a francisé celle-ci ; de là le substantif tant soi peu baroque de Toquetoucau pour désigner la cinquième gare intermédiaire.

Cette station est à 14,800 mètres de Bordeaux ; nous avons fait, par conséquent, plus du quart de notre route.

Quand le convoi s'est remis en marche, sur la droite, à 1 kilomètre environ de Toquetoucau, nous distinguons à peine au milieu des arbres une gracieuse maison gothique, dont la construction est due à un de ces hommes pleins de goût et de persévérance qui comptent pour rien les obstacles et arrivent toujours sûrement au but. Cette gentille villa a été élevée en 1834, au sein d'une belle propriété conquise pas à pas sur la vaste plaine de lande qui l'entourait naguère, et qu'à l'exemple du créateur de ce domaine on utilise aujourd'hui.

Gare de Pierroton. — La lande nous apparaît ici dans toute sa sauvage beauté : que l'on veuille bien nous permettre cette expression, car il y a, en effet, du beau dans l'immensité de ce désert. Certes, le voyageur qui vient de traverser les riches vignobles qui entourent Bordeaux, sera saisi d'un mouvement de pitié lorsqu'il verra cette plaine inculte, stérile, qui semble déshéritée des bienfaits que la création a donnés à la terre ; mais qu'il se rassure, ce sol n'est pas aussi ingrat qu'il le paraît : le pin, l'acacia, le chêne, le châtaignier et quantité d'autres essences d'arbres y viennent d'une manière très satisfaisante ; le mûrier même, cet *arbre plein de la bénédiction de Dieu*, comme le dit Olivier de Serres, le mûrier réussit fort bien dans les landes, et ce n'est pas un pays à plaindre, que celui qui peut se livrer avec avantage à l'industrie sericicole.....

La plaie de cette contrée, c'est la vaine pâture ! La majeure partie de cette lande qui attriste nos regards appartient aux communes, et les habitants dont elle nourrit tant bien que mal les chétifs troupeaux, ne consentiront jamais à se dessaisir, pour un instant, du parcours, sans lequel ils ne sauraient pas se procurer de fumier, et conséquemment n'auraient pas de récoltes : voilà la seule raison qui empêche les landes d'être cultivées.

La station de Pierroton est à 17,400 mètres de Ségur.

Cette maisonnette surmontée d'un pavillon que l'on aperçoit sur la droite, au bord de la route départementale, appartient à un des premiers armateurs de Bordeaux ; le fermier tient une petite auberge où l'on trouvait autrefois, lorsqu'on était obligé de suivre la route ordinaire, le meilleur gîte et la plus agréable hospitalité ; cet établissement, alors très recherché, car il se présentait au voyageur comme une véritable bonne fortune, est maintenant orgueilleusement dédaigné...... *Sic transit gloria mundi !*

Gare de Verdery. — Nous sommes ici à 19,690 mètres de notre point de départ. Le paysage change peu ; ce sont toujours des landes à perte de vue. Quelques métairies paraissent sur la droite ; elles sont situées au bord de la route départementale. Les bois que nous apercevons des deux côtés sont des forêts de pins exploitées d'après l'usage du pays et produisant de la résine.

Un peu avant d'arriver à la prochaine gare, nous voyons, à droite, l'ancienne auberge de la *Croix de Heins,* aux alentours de laquelle sont de magnifiques prairies, de fort bons labours, de vieux pins, des chênes séculaires. Le nom de ce petit quartier, dépendant de la commune de Cestas, présente une étymologie que nous croyons devoir donner ici :

Les Gascons ayant l'habitude de faire souvent permuter F. et H., *heins,* dans leur langage, signifie la même chose que *feins,* vieille locution française créée pour rendre le mot latin *fines,* que nous traduisons aujourd'hui par *limites*. Or, comme ce quartier, dans lequel s'élevait une croix vénérée, servait de limite entre le territoire des fondateurs de Bordeaux, les Bituriges Vivisques, et le pays des Boyens, nommé plus tard Captalat de Buch, il dut nécessairement prendre le nom de Croix des limites ou *Croix de heins*, qu'il a conservé jusqu'à nos jours. Il était de plus traversé par une ancienne voie romaine dont le temps n'a pas encore effacé toutes les traces et qui conduisait de Bordeaux à Dax *(Aquæ Tarbellicæ)*, en passant par le bois de Gaginet, les bois de Heins, Lamothe, Boyos, Losa, etc., etc.

Gare du chemin de Mios. — En arrivant à cette gare nous traversons de niveau un chemin vicinal que la commune de Mios, stimulée par la sage persévérance d'un de ses anciens maires, a tracé elle-même pour se frayer un passage commode jusqu'à la route départementale que l'on rejoint à la Croix de Heins.

La station du chemin de Mios est située à 22,530 mètres de Bordeaux.

Vis-à-vis la maison du garde et tout près du chemin de fer s'élève une petite construction récemment élevée pour surveiller la mise en culture de grandes quantités de landes laissées jusqu'à ce moment dans le plus complet abandon. L'ouverture du chemin de fer a décidé les propriétaires à faire cesser un aussi triste état de choses ; bientôt l'activité de la vie succèdera au sommeil le plus inerte, des plantations de toute espèce auront remplacé les bruyères que l'on voit encore et qui accusent si injustement cette terre de stérilité.

Nous allons atteindre la gare suivante, mais auparavant jetons un coup d'œil à droite, et nous verrons, sur les bords de la route départementale, s'élever la petite auberge de *Marcheprime*, asile de la triste patâche du courrier de la Teste, avant la création du chemin de fer. Après être parti à cinq heures du soir, c'est là qu'on arrivait à minuit et que l'on attendait pendant deux heures le moment de se remettre en route, pour arriver enfin à sa destination vers six heures du matin, brisé, moulu, harassé, broyé, rompu, courbaturé, autant qu'il est possible de l'être légalement, depuis que la torture est abolie et qu'il n'existe plus de tourmenteur-juré.

Gare de Teste-More ou *Marcheprime*. — Une égale distance de 26,150 mètres nous sépare de La Teste et de Bordeaux. Le convoi s'arrête toujours ici pour renouveler sa provision d'eau et prendre, s'il est nécessaire, de nouveau combustible.

Pendant que le tender se remplit, le voyageur peut descendre pour examiner la locomotive qui l'emporte avec tant de vitesse et de facilité ; il met ainsi à profit les dix ou quinze minutes que dure l'opération, et se procure un véritable plaisir, car la vue de cette puissante création du génie de l'homme excite sans cesse l'étonnement et la curiosité...

Les grands bois que l'on distingue dans le lointain, à droite et à gauche, sont, ainsi que les bouquets plus rapprochés, des forêts de pins produisant des matières résineuses.

Gare de Biard. — 28,670 mètres de distance nous séparent de Bordeaux ; nous sommes toujours au milieu des landes, et la seule distraction qui se présente quelquefois en courant dans ces parages est la vue de bergers huchés sur de longues échasses appelées en patois *tchanques*. Cette espèce de piédestal est indispensable pour surveiller convenablement les troupeaux de brebis qui se perdent dans les bruyères, et pour traverser des bas-fonds couverts très souvent de plus d'un mètre d'eau.

Avec une bonne paire d'échasses, un homme, habitué à ce moyen de locomotion fait très facilement huit à dix kilomètres par heure. L'administration des postes a adopté cette coutume du pays, et dans le département des Landes le service rural est fait presque partout par des hommes à échasses, que l'on appelle des *tchanquats*. Quand les eaux sont trop hautes, que les rivières sont débordées, un *tchanquat* passera sans difficulté où un homme à cheval courra le risque de se noyer ; aussi n'est-ce pas sans un certain orgueil que le Landais monte sur ses échasses, action pour la désignation de laquelle il a créé, dans son idiome, un verbe tout exprès : *se tchanqua*, monter sur ses échasses ; à l'impératif : *tchanque-té*, monte sur tes échasses. Le patois landais emploie généralement peu de mots pour exprimer une idée ; il est expressif, riche en locutions diverses et souvent très harmonieux.

Gare d'Argentières. — Le véritable nom est *Argenteyres* ; c'est un quartier de la commune de Biganos, composé d'une douzaine de maisons et qui possédait autrefois, à cause de son éloignement du centre de la paroisse, une chapelle dédiée à Sainte-Catherine. Il y a dans ce petit hameau d'assez belles cultures ; celles que l'on aperçoit en passant sont les plus chétives et les moins anciennes ; les meilleures sont au bord de la route départementale.

On trouve à Argenteyres une mauvaise hôtellerie où l'on s'arrêtait avant la création du chemin de fer, mais dans laquelle on ne trouvait jamais rien à manger ; aussi les voyageurs du pays avaient-ils toujours le soin d'apporter leurs provisions, afin de ne pas subir un jeûne forcé. Il est impossible de se figurer à quel point étaient portées l'insouciance et l'incurie des propriétaires de cette méchante auberge.

La gare d'Argentières est à 30,920 mètres de Ségur.

Gare de Canauleye. — Ici nous ne sommes plus qu'à 19,850 mètres de La Teste.

On charge de temps en temps à cette gare des manches à balai, produit nouveau de l'industrie du pays. Les forêts voisines fournissent aussi beaucoup d'échalas que l'on dirige sur Bordeaux.

Nous allons traverser maintenant une belle forêt de pins de tous les âges; puis nous reverrons encore quelques landes, ce seront enfin les dernières. Tous les ans du reste elles diminuent de plus en plus, le sol se couvre de forêts nouvelles et la stérilité cesse.

Gare de Cameleyre. — Nous approchons cependant des terres cultivées; les landes finissent tout-à-fait et les *pinadas* (forêts de pins) nous entourent; les champs vont arriver aussi, en petite quantité d'abord, mais ensuite plus nombreux et mieux cultivés à mesure que nous arriverons vers le Bassin d'Arcâchon.

Cameleyre est à 35,170 mètres de la gare de Ségur.

Gare de Facture. — Distante de 37,000 mètres de Bordeaux et de 15,300 mètres de La Teste, la station de Facture est située à l'extrémité sud du village de Biganos, dont l'église se laisse un peu entrevoir sur la droite au moment où l'on arrive. Cette gare est une des plus importantes de la ligne; elle reçoit les voyageurs qui viennent des communes limitrophes du Bassin d'Arcâchon, au nord : *Audenge* et *Certes*, *Lenton*, *Andernos* et *Arès*,

Lège, etc., et de celles qui avoisinent la Leyre et les étangs du littoral, au sud : *Mios, Salles, Lugos, Béliet, Belin, Sanguinet, Biscarosse, Parentis, Ichoux* et plusieurs autres.

A gauche et derrière la forêt, est situé au lieu appelé *Ponneau*, un haut-fourneau destiné à fondre les minerais de fer que l'on extrait dans la contrée. Les produits de cette usine, dont la position est fort belle, mais la simplicité par trop grande, se convertissent principalement en plaques de cheminées, poteries, grilles, tuyaux, etc., tout cela en première fusion.

Nous voyons à droite de magnifiques chênes : c'est sous leur frais ombrage que le *Comice Agricole de La Teste* vient ordinairement tenir sa séance publique annuelle et distribuer à des concurrents nombreux de rares et modestes récompenses ; précieux encouragements que cette utile institution décerne au mérite laborieux, au travail intelligent, aux bons et fidèles services du pauvre, dont la belle conduite si souvent ignorée est ainsi l'objet d'une protection toute spéciale et devient l'exemple de la génération qui s'élève.

Ce long bâtiment, situé au bord de la route départementale, sert de caserne à une brigade de gendarmerie, seule force publique de deux cantons de La Teste et d'Audenge, qui n'ont cependant pas moins de cent soixante kilomètres de tour.

Dès que le convoi se remet en marche, on distingue, un peu plus loin que la caserne, un groupe de bâtiments et une haute cheminée d'usine ; c'est une verrerie dont l'établissement est dû à M. Olivier de Bordeaux. Les marais que l'on traverse ensuite sont ceux de Lamothe ; ils sont constamment submergés en hiver. Au milieu d'eux et sur la droite, de l'autre côté de la route départementale, qui passe là sur le pont appelé de *Leygat*, on aperçoit, parmi les arbres, le faîte d'un pavillon construit récemment par le directeur du fourneau de Ponneau, au lieu même où existait autrefois la *Tour du Castera*, vieux débris de fortifications anciennement détruites par les Normands, que M. le marquis de Civrac fit démolir à son tour, vers le milieu du XVIIIe siècle et dont il transporta les matériaux à Certes, pour y bâtir son château.

Gare de Lamothe. — En arrivant à cette gare on traverse, au moyen d'un solide pont en bois de 66 mètres de long sur 4 mètres 10 centimètres de large, la petite rivière appelée la *Leyre*, qui, après avoir doublement pris sa source d'un côté à la limite du département des Landes au delà de Luxey, et de l'autre entre Sabres et Arjuzanx, passe sur le territoire d'un grand nombre de communes de la Gironde et des Landes, et se jette dans le Bassin d'Arcâchon à environ cinq kilomètres du point où nous la traversons. A quelques centaines de mètres sur la droite on aperçoit le pont de la route départementale, emporté par l'inondation de janvier 1842 et que l'on n'a achevé de reconstruire que vers la fin de 1843.

La Leyre, qui, par elle-même ou par ses affluents, sert de force motrice à un très-grand nombre d'usines, n'est point navigable et ne peut servir au flottage que sur une petite étendue ; mais on a entrepris en 1844 d'en opérer la canalisation, et les travaux se continuent avec persévérance. C'est là une amélioration très-utile au chemin de fer surtout dont les transports s'accroîtront considérablement, en ouvrant aux produits des Landes un débouché nouveau, et donnant au pays un moyen plus économique de s'approvisionner à Bordeaux.

En quittant la gare de Lamothe, située à 39,880 mètres de Ségur, on aperçoit, à gauche, une ancienne fontaine, indiquée par un petit dôme en maçonnerie, dont la précieuse vertu consiste, d'après la croyance locale, dans la prompte et infaillible guérison des maux d'yeux; elle se nomme *Fontaine de Saint-Jean.* Il y a, du reste, plusieurs fontaines semblables dans les Landes, portant toutes le même nom et jouissant de la même propriété; ce qu'il y a de certain, c'est que l'eau de ces sources renommées est toujours très pure, d'un fort bon goût et de la plus grande fraîcheur; n'est-ce pas là le meilleur remède pour les yeux malades?

Avant l'ouverture de la route départementale, le passage de Lamothe était excessivement dangereux pour les voyageurs, qui souvent se voyaient contraints de faire un détour de plusieurs lieues pour franchir la Leyre.

Après avoir parcouru quelques centaines de mètres, on voit encore à une certaine distance sur la gauche, un grand bâtiment situé dans l'ancienne forêt Nézer, appartenant à M. de Irigoyen. Cette forêt, qui repousse maintenant, a été exploitée il y a quelques années, et a servi à alimenter une scierie à vapeur jusqu'en 1836, époque où cette usine a cessé de marcher faute de bois. Plus loin, nous entrons dans le village de Teich, dont les premières maisons se montrent par intervalles des deux côtés de la voie.

Gare du Teich. — Le Teich est une des trois communes du canton de La Teste; son église, d'un extérieur plus que modeste, nous apparaît, à droite, au milieu du village; et nous apercevons un peu plus loin le vieux château de Ruat, dépendant de la juridiction du Captalat de Buch, qui appartenaît lui-même en dernier lieu à la famille de Ruat.

Maintenant nous ne verrons plus que des champs entremêlés de quelques vignes ; toutes les terres arables donnent deux récoltes presque chaque année.

A une certaine distance de la gare et lorsque le château a disparu, nous traversons sur un passage de niveau la route départementale n° 4, que nous avions toujours laissée sur la droite depuis notre départ de Bordeaux, et qui désormais sera, jusqu'à La Teste, constamment à gauche.

La station du Teich n'est qu'à 9,830 mètres de La Teste : il faut tout au plus un quart d'heure pour arriver au terme du voyage.

Gare de Cantaranne. — Encore une étymologie. *Cante arranne* signifie *chante grenouille;* comme cet endroit était autrefois très marécageux, et par conséquent peuplé d'une fort grande quantité de grenouilles, coassant à qui mieux mieux, les habitants n'avaient trouvé rien de plus convenable que d'appeler le lieu même des ébats du peuple amphibie : *Cante-Arranne*. Les marais ont disparu, mais le nom est resté...

La gare de Cantaranne est à 44,325 mètres de Bordeaux, et à 7,975 mètres de La Teste.

C'est ici que l'on commence enfin à bien apercevoir le bassin d'Arcâchon, qui se découvre tout d'un coup, à droite, au moment où l'on dépasse les beaux arbres qui bordent la route départementale. Ce n'est encore qu'un ruban argenté, miroitant au soleil, sous la côte vert-sombre qui paraît à l'horizon, mais bientôt cette ligne s'étendra dans tous les sens et l'on aura de la peine à en mesurer de l'œil les vastes contours.

Gare de Mestras. — Situé à six kilomètres de La

Teste, le village de Mestras, que nous laissons à gauche, est un des principaux quartiers de la commune de Gujan, dont les habitations sont très disséminées.

En arrivant à la gare, ce grand bâtiment en bois qui s'élève à droite, tout auprès du chemin de fer, appartient à la *Compagnie de pêche d'Arcâchon*, dont le but est de concourir à l'approvisionnement journalier de Bordeaux. La création de cette société a fait subir, dans le principe, une diminution sensible à la valeur du poisson de mer, mais cet état de choses a été de courte durée ; la compagnie n'a point prospéré, elle a changé de direction, mieux soigné ses intérêts, et le prix du poisson est maintenant le même qu'autrefois.

En partant de la gare, l'église de Gujan est presque devant nous ; le convoi passe tout près d'elle, en la laissant à gauche, ainsi que toutes les maisons de la commune qui sont échelonnées de chaque côté de la route départementale.

Depuis Cantaranne, on n'aperçoit, à droite, que quelques rares cultures dont l'emplacement a été conquis sur le lit du bassin d'Arcâchon, grâce à de fortes digues en terre glaise. Lorsque la mer est haute, ce magnifique bassin offre aux regards du voyageur l'aspect le plus grandiose et le plus attachant, surtout lorsque les bâteaux pêcheurs reviennent en foule, toutes voiles dehors. Quand au contraire la mer s'est retirée, les *prés-salés* découverts, s'étendant à perte de vue, présentent un spectacle attristant, qui laisse dans l'esprit une impression désagréable : on ne peut pas se figurer que dans quelques heures cette terre tout entière ne sera plus qu'une immense nappe d'eau.

A droite, au moment d'arriver à la gare suivante,

on voit l'usine de MM. Tindel et Camus, qui se livrent avec succès à la manipulation des matières résineuses, et composent d'excellentes peintures à très bon marché. Plus loin, on trouve un long bâtiment destiné à héberger les baigneurs pendant la belle saison.

Gare de Gujan. — Cette station est à 5,110 mètres de La Teste : elle est située, comme on le voit, à peu de distance de l'église, placée elle-même au milieu du bourg (*) de Gujan.

Vis-à-vis la gare et tout à fait dans le bassin, nous apercevons la passerelle et les petites loges construites en 1844 par M. Daney, pour faciliter l'arrivée au bord de l'eau et offrir un moyen aussi agréable que commode de prendre les bains de mer. Nous parlerons plus tard de cette utile innovation, sur laquelle il est nécessaire que nous donnions aux baigneurs de plus amples détails.

Gare de Meyran. — Meyran est encore un quartier de la commune de Gujac, situé comme les autres à gauche du chemin de fer ; il est à 4,270 mètres de La Teste, la distance prise d'une gare à l'autre.

A droite, devant nous, après avoir traversé Meyran, s'élève une haute cheminée au milieu d'un groupe de bâtiments : c'est une usine pour la fabrication des résines construite en 1839 par la *Compagnie agricole d'Arcachon*, à qui elle appartient, ainsi que la maison carrée qui est au devant et qui fait partie de l'usine. Dans le principe, cet établissement fabriquait des savons et des colophanes, mais maintenant il s'en tient aux simples produits du

(*) On appelle *Bourg*, dans les Landes, le quartier de la commune dans lequel se trouve l'église ; c'est ordinairement le plus considérable.

pays, et encore ne fait-il que de bien médiocres affaires.

La Hume. — En 1844, la compagnie du chemin de fer a établi sur ce point une nouvelle gare pour aboutir au *Canal d'Arcâchon*, que l'on commence à apercevoir sur la gauche et au bord duquel les waggons descendent à l'aide d'une rampe en terrassement qui traverse de niveau la route départementale. Cette gare, dont, par suite d'une préoccupation inconcevable, l'établissement ne figure pas dans les premiers projets, est d'une très grande importance pour le chemin de fer et pour le canal, qui, se trouvant ainsi en communication directe, font un continuel échange de transports avec les produits des Landes et les marchandises venant de Bordeaux.

Cette vaste maison, qui paraît sur la droite, appartient à la *Compagnie des Landes*, propriétaire du Canal; elle est située au milieu d'un très-joli jardin anglais planté tout récemment. Une petite portion de cet immense bâtiment étant seule habitée par les quelques employés de l'Administration locale du Canal, le reste est à la disposition des baigneurs pendant la belle saison; c'est une des positions les plus agréables pour prendre les bains de mer.

En quittant la station de La Hume, on traverse le Canal d'Arcâchon, qui se déploie majestueusement à gauche et dont on aperçoit dans le lointain deux ou trois écluses. A cet endroit la route départementale touche la voie de fer, qui passe sur un viaduc en bois de 90 mètres de long sur 4 mètres 10 centimètres de large, et de 3 mètres 45 centimètres de hauteur, depuis le sol de la route jusqu'au niveau des rails.

A droite, c'est le Bassin d'Arcâchon, cette magnifique retraite de l'Océan, qui vient se joindre au Canal par le moyen d'un chenal, dont le creusement, commencé par la Compagnie des Landes, réclame impérieusement aujourd'hui l'intervention du Gouvernement pour être convenablement achevé.

Maintenant c'est La Teste qui s'étend devant nous; un rideau vert foncé forme le fond du paysage : ce sont les dunes de sable qu'un habile ingénieur a empêchées d'envahir la ville en les couvrant de semis de pins, qui donnent aujourd'hui à l'État de superbes forêts.

Gare de La Teste. — En entrant dans cette gare, nous voyons d'abord, à droite, la maison du garde, puis le bâtiment dans lequel sont les ateliers de réparations, une construction octogone pour remiser les machines, et plus loin les magasins destinés aux marchandises... Mais le convoi entre sous le hangar où il doit s'arrêter; c'est le moment de se préparer à descendre et de fouiller dans sa poche afin d'y retrouver le billet délivré à Bordeaux ainsi que le bulletin nécessaire pour obtenir son bagage. Cependant, avant de descendre nous pouvons jeter un coup-d'œil sur la locomotive; nous la verrons se poser sur l'une des plaques tournantes, qui sont placées contre la grille, et faire une manœuvre fort intéressante.

Au sortir de la gare, le voyageur se trouve sur une place circulaire, où se réunissent trois allées d'ormeaux plantés par la Compagnie du chemin de fer : celle de gauche et celle du milieu mènent dans l'intérieur de la ville; la troisième aboutit au chenal creusé par la commune de La Teste, pour faciliter l'approche des barques destinées au transport des voyageurs sur le Bassin d'Arcachon.

CHAPITRE III.

La Teste.

Quelques mots sur la ville, sa population, etc. — Hôtels. — Appartements à louer dans les maisons particulières. — Renseignements divers.

§ I*er*.

Quelques mots sur La Teste, sa population, etc.

Nous ne rechercherons pas ici ce que fut autrefois La Teste; peu importe sans doute au voyageur de savoir que ni le *Boïos* de l'Itinéraire d'Antonin, ni le *Testa-Boïrum* de Saint-Paulin n'existent plus, que l'on ne sait pas encore bien exactement ce qu'ils sont devenus, et que les opinions se partagent pour attribuer leur anéantissement aux dunes de sable, à la mer et aux irruptions des Barbares.

On suppose qu'avant le douzième siècle la paroisse de *Saint-Vincent de La Teste* était le chef-lieu de *l'archiprêtré de Buch*, mais ce qui est positif c'est qu'en 1235 elle faisait tout simplement partie de *l'archiprêtré de Buch et Born*, dont le siége était à Parentis.

Le seul honneur que nous puissions franchement accorder à La Teste, c'est d'avoir été le chef-lieu du territoire possédé par ces fameux Captaux de Buch, dont la glorieuse renommée se trouve à la fois inscrite dans les fastes guerriers de la France et de l'Angleterre, qu'ils servirent tour-à-tour avec la plus grande bravoure et le plus noble dévouement. On voyait encore, il y a vingt ans à peine, derrière l'église de La Teste, les ruines de l'ancien château-fort de ces valeureux captaux ; mais aujourd'hui rien de tout cela ne subsiste plus, pas une pierre ne se retrouve ; ce n'est que par la pensée que l'on peut rebâtir sur le petit monticule qui seul existe encore comme un tertre tumulaire, la haute et puissante tour carrée, au sommet de laquelle Jean de Grely plantait avec orgueil son étendard victorieux.

Au quinzième siècle, la paroisse de La Teste, ainsi que celles de Gujan et Cazau étaient si misérables et si désertes, que le captal fit à ses vassaux des concessions extraordinaires, afin d'appeler sur ses terres de nouveaux habitants. Cette générosité porta ses fruits, car le village de La Teste seul, qui, au mois d'octobre 1500, ne se composait que de *quarante maisons*, comptait environ quinze cents habitants en 1782.

Lors de la division de la France en communes, La Teste devint chef-lieu de canton, et la paroisse de Cazau lui fut annexée. On parle même depuis quelques années d'en faire une sous-préfecture, mais ce projet est sans doute encore bien loin de se réaliser. Aujourd'hui La Teste renferme 3,500 habitants. Le maire, nommé par le roi, a trois adjoints, à cause de l'annexe de Cazau, qui en a enfin obtenu un en 1843, pour sa police et la tenue des registres de son état-civil. Il y a en outre un inspecteur et un receveur principal des douanes, un sous-commissaire de la marine, un receveur de l'enregistrement, un directeur des postes, un receveur des impôts indirects, un garde-général des forêts et enfin tous les autres fonctionnaires qui se trouvent ordinairement dans les chefs-lieux de canton.

L'air de La Teste est excellent : il y a généralement peu de malades et surtout fort peu de maladies graves. La longévité, quoique commune, n'arrive pas néanmoins jusqu'à cent ans ; la moyenne des décès est de deux et demi pour cent et celle des naissances de trois pour cent. La population se compose de résiniers, de marins et de quelques marchands et ouvriers divers; les principaux habitants sont propriétaires, négociants ou employés dans les administrations.

Les meilleures branches du commerce de la place sont les matières résineuses et les grains; hors de là il se traite peu d'affaires; les ventes se font toujours au comptant et sans escompte. Trente petits lougres ou chasse-marées sont attachés au port ; leur tonnage varie depuis trente jusqu'à 70 tonneaux ; ils sont montés par des marins du pays, qui tous ont servi sur les vaisseaux de l'Etat. Ces bâtiments font continuellement le cabotage avec la Bretagne (Nantes surtout) pour les besoins du commerce local, auxquels ils suffisent.

Depuis l'année 1834, époque où commencèrent, grâce à d'inhabiles administrateurs, les ruineuses folies de la *Compagnie des Landes*, imitées deux ans après par celles de la *Compagnie agricole d'Arcachon*, La Teste a acquis une sorte de célébrité. Ce modeste bourg, à peu près inconnu au delà de Bordeaux il y a dix ou douze ans, est tout à coup venu à la mode : on en a fait tout de suite un *eldorado*, doué de toutes les richesses et de toutes les merveilles de la création ; puis un contre-coup fatal est arrivé, qui a considérablement refroidi l'engouement général, jeté sur la contrée la plus complète défaveur. C'est donc dès à présent seulement que l'on va commencer, en se plaçant dans un milieu convenable, à pouvoir justement apprécier les mérites et les défauts de ce pays, toujours mal jugé précédemment.

§ II.

Hôtels.

La première chose à faire en arrivant est de choisir son hôtel. La Teste en possède deux principaux : l'*Hôtel du Chemin de Fer* et l'*Hôtel de Bordeaux*; ce sont les seuls qui soient demeurés debout parmi le grand nombre d'établissements de ce genre créés dès l'ouverture du chemin de fer.

Hôtel du Chemin de Fer. — C'est le plus ancien, car il existe depuis près de cinquante ans ; il est tenu par un vieil enfant de La Teste, Herbeau, dont la mère a long-temps joui du privilége exclusif d'héberger les rares voyageurs qui venaient jadis dans ces contrées. Il portait alors le nom d'*Hôtel d'Arcachon;* mais lorsque la grande et belle maison qui fait face à la gare a été bâtie, il a quitté son ancien nom pour prendre celui qu'il porte actuellement. La position de cet hôtel est excellente : on ne risque jamais d'y manquer le convoi, lorsque l'on veut repartir pour Bordeaux ; la chère y est bonne et le service assez bien fait. Son propriétaire, homme d'un sens droit et d'une probité à toute épreuve, est à même de fournir aux étrangers, qui veulent bien le consulter, des renseignements très-utiles sur le pays, qu'il connaît parfaitement.

La grande fortune comme la plus médiocre peuvent sans crainte aboutir à l'Hôtel du Chemin de Fer ; on n'y dépense que ce que l'on veut dépenser. Le déjeûner coûte 1 franc, 1 50, 2 francs et plus si on le désire; le dîner, 1 fr. 50, 2 francs, 2 fr. 50, 3 francs et au-delà. Les prix de la table d'hôte sont de 2 francs pour le déjeûner et 3 francs pour le dîner. On sert aussi à la carte. La chambre se paie un franc par jour, l'éclairage compris; mais en louant au mois, ce prix subit une diminution sensible. On reçoit des pensionnaires à 5 francs par vingt-quatre heures, tout compris, pourvu que ce soit au moins pour une semaine.

On trouve à l'Hôtel du Chemin de Fer l'autorisation de chasser sur l'Ile des Oiseaux, située dans le Bassin d'Arcâchon.

Hôtel de Bordeaux. — Son ouverture date de l'année 1839; elle a eu lieu par suite de la création du chemin de fer. Cet établissement est situé sur la place de Laby, à peu de distance de la gare, et tenu par la veuve Martrou, de Bordeaux, qui ne néglige rien pour se concilier l'estime et la bienveillance des voyageurs; Martrou fils est rempli de prévenances pour ses hôtes, qui sont en général on ne peut plus contents de lui. L'Hôtel de Bordeaux est très-proprement tenu; on y trouve un restaurant à la carte dont les prix sont aussi modérés que possible; le tarif de la table d'hôte est de 2 francs pour le déjeûner et 2 francs 50 centimes pour le dîner. Il y a dans cette maison, située au centre du principal quartier de la ville, une salle de billard, des écuries, une remise et un très-joli jardin. Le prix de la chambre est de 1 franc par jour au plus, car lorsqu'on séjourne long-temps à l'hôtel, ce prix peut être diminué. On prend aussi des pensionnaires à un taux raisonnable. La famille Martrou faisant à peu près tout le service de son établissement par elle-même, est, de ce côté, dans une excellente position pour offrir aux voyageurs les meilleures conditions possibles et satisfaire au besoin d'économie des fortunes les plus médiocres.

A l'Hôtel de Bordeaux comme à celui du Chemin de Fer on se charge toujours de procurer aux étrangers des voitures, des chevaux de louage, des guides et des embarcations pour se promener sur le Bassin et visiter les alentours de La Teste.

Dire au voyageur quel est de ces deux hôtels celui qu'il doit préférer serait chose difficile; dans l'un comme dans l'autre on est tantôt bien, tantôt mal lorsqu'on n'y vient que pour passer la journée du dimanche : bien quand il y a raisonnablement du monde, mal lorsque l'affluence est plus grande qu'on ne devait l'espérer... Mais si l'on s'établit là pour quelques jours on est généralement bien traité. Malheureusement cette hospitalité est parfois un peu chère; cela dépend surtout de ce que le poisson, — et qui consentirait à dîner à La Teste sans en goûter? — est ordinairement très-rare : les pêcheurs l'expédient tout à Bordeaux; ce n'est que par grâce qu'ils en vendent dans le pays, et ils ne savent alors quel prix en demander, aux maîtres-d'hôtels surtout à qui ils ont la certitude qu'il en faut absolument. En ajoutant à cela que la majeure partie des provisions de bouche vient de Bordeaux, et que de ces provisions faites d'avance il se gâte souvent une bonne partie, il sera facile de comprendre que les maîtres-d'hôtels soient dans la nécessité de se faire payer un peu cher. Plus le nombre des voyageurs augmentera, plus ils pourront baisser leurs prix.

Il y a également à La Teste une quantité d'auberges et petits hôtels où la classe ouvrière trouve à s'héberger à meilleur compte et d'une façon plus en harmonie avec ses habitudes et ses goûts. Nous nommerons entr'autres les établissements de :

1° *Boyrie*, dans le local de l'ancien Hôtel de la Providence, tenu autrefois par Dubos, dont les voyageurs étaient ordinairement très-satisfaits : il y a lieu d'espérer qu'ils ne le seront pas moins du nouveau propriétaire, installé seulement depuis les premiers jours de Mars;

2° *Lesca jeune*, frère du propriétaire de la maison de Bains du Mouëng;

3° La *veuve Mercié*, etc., etc.

§ III.
Appartements à louer dans les maisons particulières.

Depuis quelques années on a pris l'habitude de louer des chambres garnies et même des appartements dans les maisons particulières, lorsque l'on veut demeurer à La Teste quelques temps pendant la saison des bains. C'est un excellent moyen de diminuer ses dépenses, dont nous recommandons l'usage aux étrangers, à ceux-là surtout qui, ne jouissant pas d'une grande fortune, veulent bien sacrifier pour leur plaisir ou leur santé une petite part des économies de l'année, mais qui n'ont pas la moindre intention de se livrer à des dépenses exagérées.

En se logeant de cette façon, si l'on ne veut pas s'occuper de son ménage, on peut prendre ses repas à l'un des hôtels dont nous venons de parler, comme pensionnaire ou à la carte, ou bien se faire servir chez soi. Cette manière de se nourrir n'est pas dispendieuse.

Une chambre garnie est louée communément de 15 à 18 francs au plus, par mois; un appartement entier coûte proportionnellement moins cher, et il y a avantage à en prendre un, si l'on est plusieurs personnes. Le propriétaire du local que l'on loue met tout de suite au courant des habitudes du pays, on l'a toujours sous la main quand un avis est nécessaire, et au bout de quatre ou cinq jours on est comme chez soi.

Outre les appartements que l'on trouve dans La Teste même, la Compagnie des Landes offre aux baigneurs, ainsi que nous l'avons déjà vu dans notre Itinéraire, une vaste et belle maison, située à La Humé, dans laquelle on ne compte pas moins de quarante pièces toutes meublées, de la plus grande propreté et pour la location de chacune desquelles on se contente du prix modique de 12 à 15 francs par mois. Au devant de la maison est un joli jardin anglais, qui quoique récemment planté, ne laisse pas que d'offrir une charmante promenade, à l'extrémité de laquelle le Bassin d'Arcâchon vient chaque marée apporter aux baigneurs le tribut de ses eaux. Plusieurs barques sont disposées pour faire tour à tour des courses sur le Bassin et des promenades très-agréables sur le Canal.

§ IV.

Renseignements divers.

Marchés. — Etabli depuis très peu de temps, le marché se tient tous les matins sur la place de l'eglise ; on y trouve tout ce qu'il est possible de se procurer dans le pays en fait de comestibles. Il existait autrefois à la Teste un marché pour les matières résineuses, tenu deux fois par semaine, mais il est depuis long-temps abandonné.

Foires. — Il n'y a qu'une foire dans l'année ; elle a lieu le lendemain de la Pentecôte. Cependant les marchands se rendent aussi à la Chapelle d'Arcâchon, le 15 mars, jour de la fête patronale de cette chapelle, qui réunit une très grande quantité de monde.

Cafés. — Il y en a cinq, ils sont très fréquentés, le dimanche surtout, quoiqu'ils ne soient ni beaux, ni bien montés. Les plus achalandés sont celui de la place de Laby, tenu par Thomas, et celui du sieur Graves, voisin de la gare.

Pâtissiers. — La Teste en possède six, qui font des gâteaux passables, mais très peu variés ; on vend cette pâtisserie à domicile, car on ne connaît pas ici l'usage si bien suivi par les dames de nos grandes villes, d'aller chaque jour se restaurer chez le pâtissier à la mode.

Bals publics. — Le dimanche après midi les bals publics, ouverts à la place du Saubona, sont le rendez-vous de la jeunesse testérine, qui aime ce plaisir à la folie. Nous engageons le voyageur à visiter ces bruyantes réunions : il y verra la brune marinière aux allures dégagées, la frêle et langoureuse résinière, la piquante grisette aux yeux mutins, dansant toutes avec un délirant bonheur, en butte aux regards convoiteux de ce groupe de vieux bourgeois qui causent entre eux, sourient, médisent même, et se racontent tout bas la petite chronique scandaleuse de la semaine.

Cabinet de lecture. — M. Dubernard, en face du marché et près de l'église, tient un cabinet de lecture, composé de 1,500 à 2,000 volumes de toute espèce : histoire, romans, mémoires, poésies, etc. Le prix de location est de deux francs par mois, ou bien, par semaine, dix centimes le volume in-12, et vingt centimes l'in-8°.

Cercle. — Les habitants notables de la ville ont formé un Cercle, où ils se réunissent habituellement pour lire les journaux, faire la conversation, jouer au billard, aux cartes, aux dames, etc. Les étrangers y sont admis gratuitement pourvu qu'ils soient présentés par un membre titulaire. Cette faculté est précieuse pour le voyageur qui possède par là, s'il veut étudier le pays, le meilleur moyen de recueillir de bons et utiles renseignements.

CHAPITRE IV.

Bains.

Propriétés des bains de mer. — Bains à prendre à La Teste même. — Établissements situés sur la Côte. — Maisons à louer sur la Côte. — Bains de sable.

§ Ier

Propriétés des bains de mer.

L'action bienfaisante des bains de mer est depuis longtemps connue et nous n'insisterons pas sur leurs propriétés curatives si bien établies par un grand nombre de médecins, dont nous allons tâcher cependant de résumer succinctement les lumineuses dissertations.

De tous les ouvrages que nous avons consultés il résulte que les bains salés, froids, tièdes ou chauds, selon les cas, sont d'un puissant effet dans les affections nerveuses, scrofuleuses et rhumatismales, les faiblesses générales ou partielles de l'action musculaire, les engorgements lymphatiques, les aliénations mentales, l'hystérie, l'hypocondrie, la danse de St. Guy, l'épilepsie, les tremblements, les névralgies, la goutte sciatique, les paralysies, les convulsions des enfants, etc., etc. Les asthmatiques se trouvent également on ne peut mieux du séjour au bord du bassin d'Arcachon et de l'usage des bains : à cet égard, il y a actuellement, à la Teste, un exemple des plus frappants. Une foule de maladies autres que celles dont nous venons de parler nécessitent également l'emploi de l'eau salée; mais comme il y a des précautions à observer, alors même que l'on est sûr d'en obtenir le plus grand bien, il sera toujours bon de consulter, en arrivant, un des médecins de la localité. A la Teste, MM. les docteurs Lalesque et Hameau, qui se sont spécialement occupés de cette matière, sont tout-à-fait en mesure d'éclairer les baigneurs sur ce qu'ils doivent faire pour recouvrer la santé.

Les personnes bien portantes doivent aussi prendre quelques précautions, afin de retirer de ces bains tout le bien qu'elles en attendent; les principales sont de ne point suer en se mettant à l'eau, d'avoir fait la digestion et de se sentir la tête et l'estomac libres; car c'est une grave erreur de croire que l'eau de mer ne peut nuire en aucun cas aux gens qui jouissent d'une parfaite santé : l'exemple des marins que l'on cite communément est loin de pouvoir servir de règle, chez eux cette faculté n'est autre chose que le résultat de l'habitude. Quant à la durée de l'immersion, elle est proportionnée à l'organisme de chaque individu; la nature elle-même en fixe le terme, et l'on doit sortir de l'eau dès que le froid se fait trop vivement sentir: y rester plus longtemps deviendrait plutôt nuisible que salutaire.

§ II.

Bains à prendre à La Teste même.

Lorsque l'étranger a établi sa demeure dans la ville de La Teste, il peut aller prendre les bains dans le port et sur les prés salés : il existe divers endroits où l'on se baigne très agréablement ; c'est là que, chaque marée, les habitants du pays vont en foule se plonger dans les eaux du bassin. Cependant, lorsqu'on ne veut pas s'en tenir là, on peut aller se baigner sur la plage de l'Aiguillon située vis-à-vis La Teste.

On suit pour s'y rendre à pied, à cheval ou en voiture, la nouvelle route construite par l'administration des ponts et chaussées et qui s'achève en ce moment, ou bien on s'y fait transporter dans un bateau; le trajet, aller et retour, ne coûte que *cinquante centimes* lorsqu'on s'abonne avec les batelières qui ont l'habitude de faire ces petits voyages. Pour plus d'économie, on apporte son linge avec soi, et il n'en coûte absolument que le prix du transport.

§ III.

Établissements situés sur la Côte.

Trois maisons de bains, très-vastes et très-bien disposées, sont établies sur la côte pour recevoir les baigneurs. Ce sont l'établissement *Lesca* au Mouëng, l'établissement *Gailhard* et l'établissement *Legallais* à Eyrac.

Établissement Lesca. — C'est ordinairement à cet établissement, le premier qui se soit élevé sur la côte d'Arcâchon, que vont les personnes qui tiennent à vivre avec économie. La société n'y est peut-être pas toujours très-choisie, mais comme chacun vit chez soi, et qu'on se mêle rarement aux autres commensaux de la maison, cet inconvénient n'est pas très-redoutable. On est du reste très-bien à l'Hôtel-Lesca, qui est constamment rempli de monde pendant toute la saison. Dans un bâtiment construit depuis quelques années seulement on prépare avec de l'eau de mer des bains chauds, qui sont très-salutaires et n'ont cessé d'attirer la foule depuis leur création.

Etablissement Gailhard. — C'est celui des trois qui a été le dernier bâti; sa construction ne date que de 1836. Il a été habité pendant toute la saison de 1841 par l'Infant d'Espagne, Don François-de-Paule et sa famille. Cet établissement est bien tenu; on y trouve toutes les commodités désirables, mais pour y être passablement il faut dépenser au moins cinq ou six francs par jour. Pendant le cours de la saison, il y a plusieurs bals, qui sont ordinairement très gais; l'orchestre vient de Bordeaux.

Etablissement Legallais. — Situé à très-peu de distance du précédent, cet établissement, dont le local est fort beau, réunit chaque année une société nombreuse et surtout très-bien choisie, car M. Legallais n'admet jamais chez lui les personnes de mœurs même douteuses. La maison est très-bien tenue, et moyennant six francs par jour, tout compris, on est parfaitement traité. Il s'y donne aussi dans la saison de fort jolis bals. Le nouveau débarcadère d'Eyrac, que le gouvernement fait achever, est à quelques centaines de mètres seulement de l'hôtel Legallais.

Dans ces deux maisons, le temps passe ordinairement d'une manière fort agréable : ce sont sans cesse des courses sur l'eau, à cheval, à pied, en voiture; chaque jour ramène une partie plus attrayante que celle de la veille, et l'on est souvent obligé de choisir entre deux plaisirs qui se présentent à la fois; aussi n'est-ce pas sans regret que l'on voit arriver le moment du départ, et prolonge-t-on quelquefois, plus qu'on ne le pensait d'abord, la durée de son séjour aux bains de La Teste.

§ IV.

Maisons à louer sur la Côte.

A partir de la pointe de l'Aiguillon jusqu'à la Chapelle d'Arcâchon, il s'est élevé depuis quelques années un nombre infini de maisons, de *cottages*, de cabanes de toutes les grandeurs et de toutes les façons, dans lesquelles on s'établit en famille pendant la saison pour jouir de toutes les douceurs de la villégiature et du bonheur de prendre en même temps les bains de mer. La plus grande partie de ces maisons est destinée à être louée ; les propriétaires sont : à l'Aiguillon, M. Bourdain, de La Teste ; au Mouëng, MM. Dumora et Déjean fils, aussi de La Teste ; à Eyrac et au-delà, MM. Jehenne, Marpon, Lamarque, de Bordeaux, etc., etc.

La fabrique de l'église de La Teste loue également aux baigneurs le presbytère de la Chapelle d'Arcâchon, dont nous dirons quelques mots dans le chapitre suivant.

Toutes ces maisons, la plupart d'une construction récente, sont pourvues des meubles nécessaires et prêtes à être habitées.

§ V.

Bains de Sable.

Cette sorte de bain, que la médecine appelle *arénation*, est un remède dont les effets sont presque toujours si souverains, que son usage est depuis longtemps populaire aux alentours du Bassin d'Arcâchon. Les douleurs rhumatismales les plus aiguës, longtemps rebelles aux moyens les plus actifs de la thérapeutique, disparaissent bientôt sous l'influence vivifiante de l'arénation : elles sont promptement vaincues par l'action énergique du sable imprégné de sels que la vague jette sur le rivage du bassin ou de la mer.

Les bains de sable sont pris au lieu même que le flux vient de quitter, après que le soleil a fortement chauffé l'arène. Le malade se fait recouvrir tout le corps, ou seulement une partie si le siége du mal est peu étendu, de cinq à six centimètres de sable brûlant ; il reste ainsi exposé à l'ardeur du soleil autant que ses forces le lui permettent, en ayant soin toutefois de tenir sa tête à l'abri d'un parasol ou d'un berceau de feuillages ; et lorsque son pouls bat avec violence, que sa figure est ruisselante et animée, qu'une sueur abondante s'échappe par tous ses pores, il s'enveloppe soigneusement dans une couverture de laine et se met au lit jusqu'à ce que la sueur ait complètement cessé.

Telle est la manière de procéder à l'arénation, simple et puissant remède qui convient surtout aux paralytiques, aux rhumatismans, aux tempéraments lymphatiques, à toutes ces organisations étiolées auxquelles il faut rendre, par des moyens énergiques, la chaleur et la vie. Néanmoins, comme il peut résulter de cette opération faite dans un moment inopportun des accidents très-graves, nous conseillons aux personnes qui auraient l'intention de s'y livrer, de demander au préalable quelques avis à un médecin, afin de pouvoir prendre toutes les précautions indispensables en pareil cas.

CHAPITRE V.

Bassin d'Arcâchon.

Aperçu général. — Chapelle d'Arcâchon. — Ile des Oiseaux. — Pêche. — Chasse aux canards sauvages.

§ Ier
Aperçu général.

Le Bassin d'Arcâchon a environ 60 kilomètres de tour et présente une surface d'à-peu-près 12,500 hectares. La hauteur d'eau que sa grande rade conserve à basse mer le rend éminemment propre à recevoir et tenir à l'abri de tout danger des frégates et des vaisseaux de haut-bord; mais son entrée est difficile et dangereuse pour les navires à voiles seulement, car les bâtiments à vapeur la traversent sans trop d'inconvénients, en raison de leur nature et de la facilité avec laquelle ils triomphent des vents et des courants contraires.

Divers projets ont été récemment conçus et étudiés pour améliorer cette passe : on n'évalue qu'à trois millions la dépense nécessaire pour l'exécution de ce travail, dont l'utilité est on ne peut plus grande pour le commerce et pour l'État. En effet le Bassin d'Arcâchon, qui a l'avantage incalculable de ne pouvoir être bloqué, est le seul refuge que l'on puisse ouvrir à la navigation entre l'embouchure de la Gironde et celle de l'Adour, c'est-à-dire sur plus de 240 kilomètres d'un rivage où l'on n'échoue pas sans périr corps et biens.....

En temps de paix, ce serait donc un moyen d'empêcher le naufrage des nombreux navires qui périssent chaque année sur cette terrible côte; pour les temps de guerre, ce serait créer aux vaisseaux de l'État un asile précieux qu'ils trouveraient toujours ouvert lorsque des forces supérieures les poursuivraient, asile dans lequel ils ne pourraient jamais être bloqués et dont ils sortiraient toujours à volonté. Lorsqu'on réfléchit sérieusement à tous ces avantages, on ne peut comprendre comment il se fait que le Gouvernement ne s'occupe, en aucune manière, de ce point important, sur lequel cependant on ne cesse, depuis plusieurs années, d'appeler son attention.

Il faut espérer, néanmoins, que cette désolante inaction aura bientôt un terme, car déjà en 1839, l'État a fait construire à l'ouest du Bassin et sur le promontoire appelé *Cap-Ferret*, un phare à feu fixe, destiné à prémunir les navigateurs contre les dangers qui environnent la passe. Cet édifice, placé à deux kilomètres de l'Océan et quatre kilomètres environ de la barre, est aussi élégant que solide; la lumière projetée par l'énorme lampe qui couronne son sommet s'étend jusqu'à 25 kilomètres en mer.

On s'occupe également de construire à Eyrac, sur la côte sud, un débarcadère destiné aux plus grands navires; la route départementale nº 4 et le chemin de fer y viendront aboutir au moyen de la chaussée empierrée qui s'achève en ce moment... Mais à quoi serviront ces travaux si l'entrée du Bassin n'est pas améliorée ?....

§ II.
Chapelle de Notre Dame d'Arcachon.

Objet de vénération pour les marins du littoral d'Arcachon, cette chapelle, dédiée à la mère de Dieu, a été bâtie en 1722 par les soins assidus d'un fabricien de l'église de La Teste, nommé Jean-Baleste

Guilhem, pour remplacer l'ancienne chapelle située à douze cents mètres environ au Nord-Ouest de celle qui existe aujourd'hui et engloutie par les sables vers la fin de 1721.

Aux murs et à la voûte de ce modeste temple sont suspendus divers *ex-voto* qui prouvent assez la religieuse confiance de la population de ces contrées en la Vierge d'Arcâchon; les périls qu'ils attestent, la foi sincère qu'ils expriment touchent profondément dans ce lieu surtout, où l'on entend presque toujours l'Océan rouler au loin ses vagues mugissantes, comme pour menacer encore de tout son courroux ceux que naguère la main de Marie a sauvés du naufrage.

La chapelle d'Arcâchon a 23 mètres 70 centimètres de longueur, la sacristie comprise; 8 mètres 65 centimètres de largeur, et 4 mètres 30 centimètres de hauteur. Son maître-autel est dédié à la Sainte-Vierge, les deux autres à Sainte Anne et à Saint Clair.

La grille en fer qui sépare le chœur de la nef ne fut posée qu'en 1769. Toutes les peintures ont été restaurées en 1836; le tombeau du maître-autel, la sainte table et le tabernacle ont également été changés en 1840, époque où l'on fit en même temps plusieurs réparations indispensables aux deux autels latéraux.

Jusqu'à la révolution de 1789, la chapelle d'Arcâchon fut desservie par un religieux que, dans le pays, on appelait un *ermite*; de là est venu le nom d'*ermitage* que conserve encore l'ancienne demeure de ce prêtre. Ainsi que nous l'avons déjà dit, la fabrique de La Teste loue cette maison, pendant la saison d'été, aux personnes qui désirent prendre les bains de mer.

Il est utile, lorsqu'on se baigne devant la chapelle,

de ne pas trop s'avancer dans le Bassin : les meilleurs nageurs luttent difficilement contre la violence des courants que renferme le grand chenal, très rapproché du bord à basse mer. Néanmoins, en ne se mettant dans l'eau que lorsque la mer est haute, on a devant soi un espace assez considérable, et avec de la prudence on est à l'abri de tout danger.

§ III.
Ile des Oiseaux.

Cette île, qui doit son nom à la grande quantité d'oiseaux de mer auxquels elle sert d'asile, est située vers le centre du bassin d'Arcâchon, elle a environ six kilomètres de tour et présente une superficie de 240 hectares quand la mer est basse, mais elle est presque totalement couverte dans les grandes marées. On y a élevé plusieurs cabanes de pêcheurs et une maisonnette pour le garde, auprès de laquelle sont un joli jardin et un puits dont l'eau et excellente.

Jusqu'au commencement du XIXe siècle, le territoire de l'île a été commun à tous les habitants des bords du Bassin qui en usaient aussi librement que du Bassin même, et y envoyaient leurs bestiaux sans rétribution aucune ; le captal de Buch, qui, en 1742, avait semblé vouloir s'en emparer, renonça bientôt à cette prétention, et ce ne fut que sous la Restauration, en l'année 1820, que l'île des Oiseaux devint propriété domaniale. A tort ou à raison, l'État en est donc aujourd'hui propriétaire ; il l'afferme moyennant une somme peu considérable, et le fermier en loue ensuite le pacage au taux de dix francs par an pour chaque cheval, bœuf, vache ou veau, et 25 centimes par mois pour chaque tête de mouton ou brebis : ce pacage est fort agréable aux bestiaux qu'il engraisse bien ; ceux qui sont malades s'y rétablissent presque toujours très-promptement. On permet également de chasser les lapins qui abondent dans cet île, moyennant une rétribution fixée autrefois à 1 fr. par coup de fusil, mais qui maintenant est chaque fois débattue avec le fermier. C'est à l'hôtel du Chemin de fer que l'on trouve, ainsi que nous l'avons déjà indiqué précédemment, l'autorisation de faire cette chasse, ordinairement très fructueuse et toujours fort amusante.

Il ne faut pas confondre l'île des Oiseaux avec *l'île du Matoc*, située à l'entrée des passes, en dehors du Bassin; cette dernière n'est plus maintenant qu'un banc de sable, auquel on a conservé le nom du *Matoc*. Exposé à toute la violence des vagues de l'Océan, ce banc est très dangereux pour les navires, qui, s'ils avaient le malheur d'y toucher, n'en pourraient plus sortir et périraient infailliblement, sans espoir de secours, quoique bien près de la terre-ferme.

§ IV.
Pêche.

Il se fait dans le Bassin d'Arcâchon plusieurs espèces de pêches, qui ont surtout lieu pendant l'été. Le cadre dans lequel nous sommes forcé de nous renfermer, afin de ne pas donner une trop grande extension à ce petit volume, ne nous permet pas de fournir ici des détails sur chacune de ces pêches, mais nous engageons les baigneurs à voir surtout la pêche à la Seine, au *Palet* et celle au flambeau ou à la *Haille*, qui se fait la nuit avec des torches et une *Fouane*. Il est du reste très amusant de se faire expliquer par le pêcheur lui-même les différentes ruses qu'il emploie pour surprendre les hôtes de la mer : le pittoresque de son langage ajoute encore au plaisir qu'on éprouve à écouter ses descriptions, toujours accompagnées de sentencieux avis, et à suivre en même temps ses travaux si intéressants et parfois si pénibles.

La pêche du Bassin d'Arcâchon fournit en abondance diverses sortes de poissons de toutes les grandeurs; les plus estimés sont l'anguille, le congre, la sole, l'éperlan, le muge (nommé dans le pays *mulle* et que d'autres personnes qui se piquent de parler plus purement appellent *meule*), le *ristau* (espèce de muge d'un goût exquis), l'*aiguille* ou orphie, le rouget, etc. Les crabes et les crevettes sont également très communs. Quant aux coquillages, on en trouve en quantité de toutes les espèces; les huîtres seules sont, depuis quelques années, à peu près épuisées: l'abus que l'on a fait de cette pêche et l'impossibilité où, faute de surveillants, se trouve l'administration de la marine d'empêcher la fraude durant la saison prohibée, ont presque entièrement détruit ce coquillage dans le Bassin d'Arcâchon, qui en possédait autrefois des amas considérables. Il ne reste plus qu'un seul moyen de prévenir sa complète destruction, c'est la défense absolue de cette pêche pendant trois ou quatre années consécutives et la mise à la disposition du Commissaire des Classes d'un personnel suffisant pour faire respecter cette interdiction devenue aujourd'hui d'une nécessité aussi urgente que bien démontrée.

La grande pêche, appelée dans le pays *Péougue*, et que de nombreux désastres ont trop malheureusement fait connaître, a lieu en pleine mer, ainsi que celle des *royans*, espèce de sardine très recherchée des gourmets, que l'on ne prend que dans ce quartier. La pêche du péougue produit abondamment, tout l'hiver, des merlus, des raies, des grondins, des soles, des turbots, des barbues, etc., etc.

Depuis l'année 1844 le bateau à vapeur de l'État, *le Voyageur*, commandé par un lieutenant de vaisseau, stationne dans le Bassin, afin de protéger la pêche, d'en faire la police et de porter secours aux malheureux pêcheurs que la tempête peut surprendre dans l'Océan et empêcher de regagner le port.

Plusieurs essais ont été tentés depuis quelques années pour faire la grande pêche avec des navires à vapeur, mais les dépenses de premier établisement, les frais divers d'exploitation et l'entretien du matériel ont chaque fois absorbé au-delà des produits de l'entreprise; force a donc été d'abandonner ces précieuses innovations, pour revenir aux anciens procédés si funestes à la population maritime de la contrée.

§ V.
Chasse aux Canards sauvages.

Le Bassin d'Arcâchon renferme un grand nombre de bancs, appelés *crassats*, qui se découvrent à chaque marée et sur lesquels se nourrissent, pendant l'hiver, des nuées de canards sauvages, auxquels les habitants du pays livrent une guerre aussi opiniâtre que lucrative.

La principale chasse se fait au moyen de perches de 4 à 5 mètres de longueur, que l'on plante de distance en distance et auxquelles on attache plusieurs centaines de filets de trois mètres de large, sur sept à huit mètres de long. Ces filets sont solidement fixés par les deux bouts aux deux perches les plus voisines; les côtés latéraux sont bien tendus et le milieu forme une poche dans laquelle s'embarrassent les malheureux canards lorsqu'ils viennent, poussés par la faim, chercher leur pâture sur les crassats que la marée a laissés à découvert. Les canards, qui ont l'habitude de tournoyer longtemps avant de se poser, ne manquent jamais de se jeter dans les filets, où les premiers pris, loin de faire fuir le reste de la troupe en criant et se débattant, semblent au contraire lui servir d'appeaux et la font souvent succomber tout entière. Le matin de très-bonne heure, on vient recueillir les pauvres prisonniers, et on leur tord le col avant que les oiseaux de proie n'aient eu le temps d'en faire leur curée. Cette chasse est en général très-abondante : elle rapporte souvent dans une seule nuit plusieurs charretées de canards, dont la vente suffit quelquefois pour payer tous les frais de la campagne.

On tue aussi beaucoup de canards sauvages au fusil ; et cela avec d'autant plus de facilité que l'on n'exige point pour cela de permis de chasse, le Conseil Général de la Gironde ayant considéré, avec raison, le Bassin d'Arcâchon comme une dépendance de la mer, et l'ayant ainsi affranchi des dispositions de la loi du 3 Mai 1844.

CHAPITRE VI.

Communes limitrophes du bassin d'Arcachon. (*)

Gujan. — Le Teich. — Biganos. — Audenge. — Lenton. — Andernos. — Lège.

§ I.er
Gujan.

Gujan est, après La Teste, le point le plus important du littoral d'Arcachon, tant par sa position

(*) La Teste est bien aussi une des communes limitrophes du Bassin ; mais comme nous lui avons consacré un chapitre spécial, nous n'avons plus besoin de nous en occuper dans celui-ci.

si riante et si belle, que par son commerce, l'industrie de ses habitants et le chiffre de sa population, porté par le dernier recensement à 2,400 âmes. Cette commune, traversée dans toute sa longueur par le chemin de fer et par la route départementale, se divise en quatre quartiers bien distincts : *Meyran*, *La Ruade*, Gujan ou *le Bourg* et *Mestras*; elle est séparée du territoire de La Teste par le ruisseau de La Hume, qui se jette dans le bassin d'Arcâchon à l'Ouest du canal, dont l'embouchure est elle-même sur la limite des deux communes.

C'est de Gujan que l'on expédie la majeure partie du poisson qui entre chaque jour à Bordeaux, et que l'on dit toujours arriver de La Teste, parce que La Teste, qui en fournit fort peu par elle-même, est le chef-lieu de la contrée. La vérité est que le poisson du bassin comme de l'Océan vient surtout de Gujan; ce sont aussi les marins de ce petit port qui pêchent seuls les immenses quantités de *royans* que le chemin de fer emporte continuellement pendant l'été et pour la salaison desquels l'administration des Douanes a établi à Mestras un entrepôt de sel provenant des marais de Certes.

Un des principaux habitants de la localité, M. Daney, officier de santé, a fait construire sur les prés salés une passerelle de 450 mètres de longueur, afin de faciliter l'accès des bains de mer sur la belle plage qui s'étend devant la gare de Gujan et que nous avons déjà fait remarquer au voyageur dans notre itinéraire. Le droit de péage est fixé ainsi qu'il suit, d'après la note qui nous a été fournie par M. Daney lui-même :

« 1° Pour une seule personne qui circule sur la passerelle et se sert d'une guérite pour se baigner,

chaque fois... 0 f. 25 c.
« 2° Idem, pour chaque personne d'une même famille, au nombre de deux et au-dessus, chaque fois................. 0 f. 20 c.
« 3° Idem, pour chacun des enfants de l'âge de dix ans et au-dessous, chaque fois... 0 f. 15 c.
« 4° Pour circuler sur la passerelle, chaque fois... 0 f. 05 c.
« 5° Pour circuler sur la passerelle en allant et au retour, à l'effet de prendre un bain, sans se servir de guérite....... 0 f. 10 c.

« Nota. MM. les baigneurs qui voudraient s'abonner paieront seulement 4 fr. par mois et 2 fr. pour quinze jours, quel que soit le nombre de bains qu'ils prennent. Les enfans de l'âge de dix ans et au-dessous ne paieront que 2 fr. par mois et 1 fr. par quinzaine. »

On trouve à Gujan un grand nombre de logements commodes, très-proprement meublés, et que les habitans, pleins d'égards et de complaisances pour leurs hôtes, louent à des prix modérés : le taux le plus ordinaire est de 25 à 30 fr. par mois pour chaque chambre, le locataire ayant en outre la faculté de se servir, pour son ménage, du bois de la maison ainsi que de la cuisine avec tous ses ustensiles. Cette façon de s'installer pendant la saison des bains a eu beaucoup de succès depuis quelque temps, aussi le nombre des baigneurs a-t-il augmenté sensiblement chaque année. Il est inutile du reste d'insister sur les ressources que présente la situation magnifique de Gujan, où l'on se procure à peu près tout ce qu'on peut désirer, grâce au chemin de fer, dont la voie si rapide offre d'ailleurs sous tous les rapports tant de précieux avantages aux Bordelais surtout, qui ne sont par le fait qu'à deux heures de chez eux.

§ II.
Le Teich.

Quoique placée sur le littoral du bassin, cette commune ne se livre point à la pêche comme celle de Gujan; sa population, dont le chiffre s'élève à 992 habitants, est presqu'entièrement composée de cultivateurs et de bouviers. Tout le territoire du Teich, qui s'étend jusqu'à la rive gauche de la Leyre, est bien cultivé; on y trouve de magnifiques prairies.

C'est au Teich qu'est le château de Ruat, demeure du dernier Captal de Buch, en 1789. La propriété du Captalat se trouvait alors dans la famille de Ruat par suite de la vente qui en avait été faite, le 23 avril 1713, par Messire Henri François de Foix de Candale à M. Jean Amanieu de Ruat, conseiller au parlement de Bordeaux. Ce fut à cette époque seulement que la demeure du Captal fut transférée au Teich, car le château-fort des anciens seigneurs du pays était auparavant, comme nous l'avons déjà dit, situé à La Teste, au devant de l'église.

Comme Gujan, le Teich fait partie du canton de La Teste, qui ne se compose que de ces trois communes.

§ III.
Biganos.

La commune de Biganos est située dans le canton d'Audenge. Elle ne comptait qu'une centaine de feux lorsque M. Olivié de Bordeaux vint, en l'année 1814, y établir sa verrerie; aujourd'hui il y a 1085 habitants et la commune ne cesse pas de s'agrandir.

Outre la verrerie, qui existe toujours, il y a encore dans cette commune l'usine à fonte de fer établic par MM. Dumora et G. Gignoux, au lieu de Ponneau, en 1837. Nous avons déjà indiqué ces deux établissemens dans notre itinéraire et nous aurons encore occasion de les recommander aux baigneurs comme des buts de promenade très-intéressants.

C'est dans la commune de Biganos qu'a existé jadis le prieuré de *Comprian*, fondé vers le douzième siècle par les Captaux de Buch, seigneurs de Puypaulin, qui avaient une prédilection particulière pour ce prieuré, auquel ils firent des legs très-considérables et dont ils choisirent plusieurs fois l'église pour lieu de leur sépulture. Aujourd'hui cette chapelle n'existe plus, et les anciens bâtiments habités par le prieur et les chanoines de Comprian ont perdu tout leur cachet historique en prenant peu à peu des formes nouvelles.

Le quartier d'*Argenteyres*, dont nous avons dit quelques mots en parcourant le chemin de fer, fait également partie de la commune de Biganos, dont le territoire est très-étendu.

§ IV.
Audenge.

Ce chef-lieu de canton est divisé en deux quartiers peu distants l'un de l'autre et qui, dans quelques années, n'en feront plus qu'un seul, les nouvelles bâtisses tendant toujours à combler le vide qui sépare ces deux portions de la commune. Le quartier d'*Audenge* proprement dit possède l'église ; celui de *Certes*, le château, bâti par M. le marquis de Civrac.

Audenge et Certes paraissent avoir formé anciennement deux seigneuries différentes, qui ont appartenu tour à tour : celle d'Audenge, à Bernard de

Blanquefort, au baron d'Ornon et sa famille, à Jean de Bourbon sire de Bazian, au baron de La Roche-Chandry et à Jean de Castaing; celle de Certes, à la maison d'Albret, au duc de Mayenne, à Antoine de Jaubert de Barrault et à la famille de Durfort-Civrac, qui enfin, au dix-huitième siècle, possédait les deux seigneuries. Dans quelques parchemins du dix-septième siècle on voit aussi que le seigneur de Certes prenait de temps en temps le titre de *Captal de Certes*, mais cette dénomination ne se trouve que bien rarement dans les anciens actes.

Il y a aujourd'hui dans cette commune de très-beaux marais salants dont les produits sont fort estimés; ils appartiennent à divers propriétaires. Audenge renferme 1,078 habitants, presque tous sauniers, marins ou douaniers.

§ V.
Lenton.

Ce petit village dépendait autrefois de la seigneurie de Certes, et fait maintenant partie du canton d'Audenge. En 1726, il ne possédait que 270 habitants; cinquante ans plus tard, il en avait 348 et aujourd'hui ce nombre est arrivé à 542.

Il y a à Lenton des marais salants semblables à ceux d'Audenge.

§ VI.
Andernos.

Cette commune est partagée en deux portions différentes, portant: l'une le nom d'*Andernos*, et l'autre celui d'*Arès*. Andernos dépendait anciennement de la juridiction de Lacanau, et son église du prieuré du Barp, uni au monastère des Feuillans de Bordeaux; sa population était, en 1748, de 280 habitants. Vers cette époque, le sieur de Bazian était seigneur d'Andernos; en 1784, c'était M. de Caupos-Lavie.

Arès a été de son côté le chef-lieu d'une seigneurie et d'une juridiction qui n'avaient rien de commun avec Andernos. Ce quartier formait une paroisse séparée, pourvue d'une église et ayant à elle seule, vers le milieu du dix-huitième siècle, une population de 360 habitants. On trouve dans divers actes le seigneur de cette localité, désigné sous le nom de *Baron d'Arès*.

Aujourd'hui, Arès et Andernos ne forment plus, comme nous l'avons déjà dit, qu'une seule commune appartenant au canton d'Audenge; l'église d'Arès est démolie depuis longues années, celle d'Andernos seule existe encore, et est située tout à fait au bord du Bassin d'Arcachon. La population de cette commune est, d'après le dernier recensement, de 1221 habitants.

Le château d'Arès, déchu de son ancienne splendeur féodale, n'en est pas moins le manoir d'un superbe domaine, dont l'importance s'accroît tous les jours.

Pendant la saison des bains, on s'installe à Andernos et Arès comme à Gujan et à La Teste; la plage est fort belle : on y prend des bains délicieux. Le poisson n'est pas rare dans cette commune, dont presque toute la population fait la pêche dans le bassin avec le plus grand succès.

§ VII.
Lège.

Vers la fin du onzième siècle, les ducs de Guienne, qui possédaient la baronnie de Lège, en firent don au chapitre de Saint-André de Bordeaux, et il est question, dans un acte de 1262, du château de Lège dont la magnifique avenue d'ormeaux aboutissait directement à la mer. Les chanoines de Saint-André conservèrent cette seigneurie jusqu'à la fin du seizième siècle, époque où ils furent obligés de la vendre à un sieur de Gourgues; elle passa ensuite dans les mains du duc d'Epernon, et devint en dernier lieu la propriété de M. de Marbotin, conseiller au parlement de Bordeaux.

Lège fut longtemps un lieu considérable, et les droits seigneuriaux de sa baronnie devaient être d'un très-grand produit au onzième siècle, car elle ne fut donnée au chapitre que pour aider au rétablissement de la cathédrale de Bordeaux, dévastée par les Normands; mais à la fin du quinzième siècle les sables commencèrent d'envahir cette malheureuse paroisse, dont les habitants se virent obligés de transporter l'église à près d'une lieue de l'endroit où elle avait été primitivement bâtie. Il paraît même que cette distance devint bientôt insuffisante, car ils furent de nouveau contraints, en 1664, de démolir et reconstruire cette même église achevée en 1666.

Cette commune est aujourd'hui la moins peuplée des environs du Bassin et du canton d'Audenge, dont elle fait partie : elle ne possède que 370 habitants, lorsqu'en 1740 elle en comptait déjà 325.

CHAPITRE VII.

Excursions diverses aux environs de La Teste.

Promenades sur le Bassin.—Id. sur le Canal d'Arcachon. — Promenades diverses par terre.

§ Ier

Promenades sur le Bassin d'Arcachon.

Après avoir vu les établissements de bains et exploré toute cette portion de la côte sur laquelle ils sont situés, le voyageur ne peut s'empêcher de visiter la chapelle d'Arcâchon, le phare du Cap-Ferret et l'île des Oiseaux, dont nous avons dit quelques mots dans le chapitre V de cet ouvrage.

Le tarif ci-après empêchera que notre promeneur soit rançonné par les bateliers ou plutôt les batelières (*) qui le conduiront. Voici dans son entier l'arrêté de M. le maire de La Teste à cet égard :

« Le maire de la commune de La Teste,

« Vu les lois des 24 août 1790, 19 et 22 juillet 1791;
» Vu également celle du 18 juillet 1837;
» Vu l'art. 475 du Code pénal;
» Vu enfin l'arrêté de M. le maire de cette com-
» mune en date du 28 juillet 1843;
» Considérant que les dispositions de ces diverses
» lois nous font un devoir d'assurer le bon ordre et
» la tranquillité publique;
» Attendu que l'expérience nous a suffisamment
» démontré qu'il y avait nécessité d'apporter quel-
» ques modifications à l'arrêté réglementaire du trans-
» port des voyageurs sur le Bassin d'Arcâchon, du
» 28 juillet ci-dessus relaté;
» Que pour la sécurité et la satisfaction des voya-
» geurs, il est urgent d'adjoindre un marin aux ba-
» telières qui montent chaque embarcation destinée
» au transport des voyageurs;
» Que par suite de cette disposition il y a lieu

(*) A La Teste, ce sont presque toujours des femmes qui manœuvrent les bateaux destinés aux promenades sur le Bassin, les hommes étant plus spécialement occupés à la pêche ou à la navigation du cabotage. Ces femmes sont du reste très capables de conduire les embarcations, et on est parfaitement en sûreté avec elles. C'est sur leurs robustes épaules que l'on se huche, lorsque la mer est trop basse, pour s'embarquer ou mettre pied à terre dans les endroits boueux.

» d'augmenter d'une manière convenable les prix du
» tarif de l'arrêté précité ;
  » ARRÊTE :
» Art. 1er Il est ordonné aux batelières de s'ad-
» joindre un marin pour composer l'équipage de
» chaque embarcation destinée au transport des
» voyageurs sur les divers points du Bassin d'Arcâ-
» chon.
» Art. 2. Le tarif du transport des voyageurs est
» fixé ainsi qu'il suit, savoir :

NOMBRE des PERSONNES EMBARQUÉES.	DÉSIGNATION DES LIEUX.			
	Aiguillon et Lesca, pour aller.	Gaillard et Legallais, pour aller.	La Chapelle, aller et retour.	Ferret et Ile des Oiseaux, aller et retour.
Une à trois person.	1 80	2 70	4 80	6 »
Quatre personnes.	2 20	3 »	5 20	6 40
Cinq personnes.	2 75	3 50	5 75	6 75
Six personnes.	3 30	4 20	6 30	7 20

» Art. 3. Il est expressément défendu aux bate-
» liers ou batelières d'exiger de plus forts prix que
» ceux portés au tarif ci-dessus.
» Art. 4. Aucune embarcation, dite *petite tillole*

» ou *bâtarde*, ne pourra, dans aucun cas, trans-
» porter plus de six personnes à la fois.

» Art. 5. Les contraventions au présent règlement
» seront constatées par des procès-verbaux et pour-
» suivies conformément aux lois.

» Art. 6. Le présent arrêté, après avoir été sou-
» mis à l'approbation de M. le préfet, sera publié et
» affiché dans tous les lieux accoutumés de la com-
» mune, et partout où besoin sera.

» Fait à la mairie de La Teste, le 24 avril 1845.

» Le maire, signé : HAMEAU, D.-M. »

Outre les divers points ci-dessus indiqués, nous recommandons au voyageur les deux courses suivantes :

1° A Andernos et Arès, dont la position est fort belle et où l'on pourra visiter le beau domaine de M. Allègre, propriétaire de l'ancien château d'Arès;

2° Aux marais salants d'Audenge et de Certes : excursion curieuse qu'il serait dommage de négliger. On verra en même temps l'ancienne demeure de M. le marquis de Civrac, appartenant à M. Boissière.

Le prix de ces deux promenades, qui nécessitent chacune l'emploi d'une journée, devra être débattu d'avance avec les batelières. Si l'on n'emporte pas de provisions de La Teste, on trouvera facilement à bien dîner dans tous ces villages.

En faisant l'une ou l'autre de ces courses sur le Bassin, on pourra encore s'arrêter à bord du bateau à vapeur de l'Etat *le Voyageur;* l'officier de marine qui commande ce navire accorde toujours avec un aimable empressement l'autorisation de le visiter.

§ II.
Promenades sur le Canal d'Arcâchon.

Visiter le canal d'Arcâchon et ses belles écluses,

est une chose trop importante pour que le voyageur puisse la mettre de côté; il se priverait d'une promenade intéressante et agréable au dernier point, et oublierait de voir une des meilleures curiosités des environs de La Teste. L'administration du Canal a fait afficher l'avis ci-après, que nous reproduisons textuellement.

AVIS.

« L'administration du Canal d'Arcâchon vient d'é-
» tablir à la Hume un bateau destiné à faire (le di-
» manche seulement), des promenades sur le Canal,
» et jusqu'à l'étang de Cazau. Les marins qui mon-
» tent ce bateau se trouvent à la gare du chemin
» de fer, à La Teste, au moment de l'arrivée des con-
» vois, afin d'accompagner les voyageurs au lieu
» d'embarquement.

» Les prix sont ainsi fixés :
» 1° *Un franc* par personne pour le trajet de la
» Hume à la quatrième écluse et retour ;
» 2° *Deux francs cinquante centimes* pour aller à
» l'étang de Cazau et revenir. »

N. B. « Si, dans la semaine, on désire faire des
» promenades semblables, on devra en prévenir,
» deux jours à l'avance, M. Oscar Dejean, receveur
» principal du Canal, à la Hume (près La Teste). Le
» bateau, pouvant contenir douze à quinze person-
» nes, sera alors loué *douze francs* pour aller à la
» quatrième écluse, et *vingt-cinq francs* pour aller
» à Cazau. »

En se bornant à aller jusqu'à la quatrième écluse, on peut se faire une idée exacte du Canal et de la manœuvre des écluses; il ne faut que trois heures au plus pour faire cette course, aller et retour. La promenade à Cazau est plus longue, mais elle est aussi beaucoup plus intéressante. L'étang de Cazau est un magnifique lac de près de 9,000 hectares de superficie, qu'il est impossible de ne pas aller voir lorsque l'on vient dans le pays. Pour s'y rendre, on traverse les terrains de la compagnie agricole et industrielle d'Arcâchon, dont on voit en même temps les grands travaux d'irrigation.

On s'arrêtera, en allant ou au retour, aux forges et fonderies que la même Compagnie d'Arcâchon vient d'établir sur la rive droite du Canal, vis-à-vis le milieu du quatrième biez. Cet établissement, dont la construction s'achève, est dans une très-belle position, et mérite sous tous les rapports d'être visité; ses produits consistent en fontes de fer brutes et moulées ainsi qu'en fers en barres. Les concessionnaires emphytéotiques de cette usine sont MM. Léon Brothier et de Thury. En montant au gueulard du haut fourneau, on jouit d'une vue magnifique : on embrasse d'un seul coup d'œil la vaste plaine de Cazau tout entière, dont on peut ainsi saisir l'ensemble et se faire une idée exacte.

Pour faire la promenade du Canal en entier, on emporte ordinairement des provisions de bouche et l'on déjeûne à Cazau sous un gros chêne, au bord même de l'étang. C'est une partie délicieuse, à laquelle il faut consacrer une journée entière.

§ III.

Promenades diverses par terre.

Presque toutes les courses dont nous venons de parler peuvent s'effectuer à cheval ou en voiture, mais il est beaucoup plus agréable de les faire en bateau. Celles que nous allons indiquer maintenant se font plus particulièrement à cheval, quoiqu'il y en ait encore plusieurs qu'il est possible d'effectuer par eau.

1° Visite au monument élevé par la reconnaissance publique à M. Brémontier, inspecteur général des Ponts et Chaussées, dont le zèle philanthropique a sauvé La Teste et ses environs d'une destruction imminente en fixant le premier, par des semis de pins, les dunes du littoral. Cet hommage rendu à la mémoire d'un bon citoyen est simple et sans faste, mais les bienfaits dus au génie de Brémontier, parlent ici à tous les cœurs, et cette pierre, quelque modeste qu'elle soit, n'en est pas moins un des monuments les plus justement vénérés;

2° Promenade à *Moulleau*, où l'on arrivera en traversant ces mêmes semis de pin maritime, auxquels La Teste doit son existence, et qui sont maintenant administrés par les Eaux et Forêts. A Moulleau on trouvera l'emplacement d'un ancien fort, dont les canons sont encore sur les lieux. On aperçoit de là la Passe, le Cap-Ferret et le Phare;

3° Excursion dans la grande forêt de La Teste, vulgairement appelée *la Montagne;* on y verra des chênes énormes, des pins d'une grosseur étonnante, des arbousiers, de superbes houx et plusieurs autres essences d'arbres, mais en petite quantité, le pin étant la seule espèce que l'on cultive avec soin et à laquelle on sacrifie toutes les autres, parce que seule elle donne un bon revenu. On trouve dans la montagne des sites délicieux.

Cette forêt est grevée de droits d'usage exorbitants, dus aux concessions des seigneurs et peut-être aussi à une tolérance outrée de la part des possesseurs actuels ou de leurs ancêtres. Hormis les matières résineuses, le propriétaire n'est, à proprement parler, maître de rien; la délivrance des bois de pin pour construction, que l'on ne peut pas refuser, est faite par des syndics, mais le bois de chauffage et les chênes sont coupés à volonté par les usagers, qu'ils en aient ou non le droit. Ces syndics, nommés par les propriétaires assemblés, dirigent le service des gardes et veillent à ce que chaque portion de la forêt fournisse à son tour les bois dus aux usagers;

4° Tournée jusqu'à la pointe du Sud, sur la côte du Bassin. On verra l'emplacement de l'anciene passe, la seule qui existât autre fois et qui est aujourd'hui abandonnée; on visitera en même temps les semis de pins récemment faits par l'administration des Ponts et Chaussées, qui continue toujours l'œuvre généreuse de Brémontier;

5° Visite à la commune de Gujan. En s'y rendant vers l'heure de la pleine mer, on verra arriver tous les bateaux pêcheurs; et si la journée est bonne, on sera étonné de l'énorme quantité de *royans* apportée à l'entrepôt des sels, situé dans le quartier de Mestras. L'église de Gujan, sans être très remarquable, mérite cependant d'être vue. On se promènera également sur la passerelle de M. Dancy, que nous avons déjà signalée;

6° Visite à la commune du Teich et à sa modeste église, ainsi qu'au château et à la belle terre de Ruat, que M. Festugière aîné vient d'acquérir de M. Lauzac de Savignac, héritier du dernier Captal de Buch.

7° Excursion jusqu'à Biganos pour visiter la verrerie de M. Olivié, le haut-fourneau de Ponneau et l'ancien prieuré de Comprian. Au retour on peut voir l'emplacement de la *Tour du Castera* dans les marais de Lamothe, puis la rivière de la Leyre et les travaux que l'on a commencé d'exécuter pour la rendre navigable.

Ces trois dernières courses peuvent bien se faire par le chemin de fer et ensuite à pied; mais on trouvera sans doute plus agréable et plus commode d'aller à cheval, afin de pouvoir s'arrêter où l'on voudra, et de jouir d'une plus grande liberté dans sa promenade.

Pour toutes les excursions que nous venons de désigner dans ce paragraphe, il est indispensable de prendre un guide, auquel on donne généralement (outre le prix de location du cheval qu'il monte) de *un à deux francs*, selon que la course a été longue, et que l'on est content de lui. La journée d'un cheval se paie deux francs. Quant aux voitures, elles n'ont point de tarif, et il est très essentiel de bien débattre et arrêter son prix avant de partir, car certains cochers sont parfois d'une exigence extrême.

CHAPITRE VIII.
Canal d'Arcâchon.

La loi du 1er juin 1834 autorisa l'ouverture entre le Bassin d'Arcâchon et l'étang de Mimizan (ou Aureillan) d'un Canal de grande navigation composé de deux versans et ayant pour bief de partage les étangs de Cazau, Biscarosse et Parentis. La Compagnie des Landes de Bordeaux fut tout de suite substituée aux droits du concessionnaire primitif, et elle se mit en devoir d'exécuter les prescriptions de la loi; pour atteindre ce but, tout le travail aurait dû être achevé en 1839, mais les fautes de toute espèce commises par les premiers administrateurs de cette société la mirent bientôt en un si pitoyable état que ce fût seulement vers la fin de 1837 que l'on pût s'occuper activement de la construction du Canal.

A cette époque, l'un des principaux actionnaires, M. le Vicomte Le Vavasseur, avait pris les rênes de l'administration pour tâcher, à force de soins, de persévérance et d'économie, d'amoindrir le mal irréparable causé par ses prédécesseurs. Des résultats satisfaisants ont en effet été obtenus depuis cette époque; on a sérieusement travaillé, et aujourd'hui la Compagnie, après s'être imposée des sacrifices inouïs, est enfin parvenue à rendre navigable le premier versant de la ligne concédée par la loi de 1834. Quoique cette portion du Canal ne soit point entièrement achevée, elle est néanmoins livrée à la navigation depuis le mois de décembre 1840 : c'est de cette époque que date l'établissement du service de transports par eau qui s'exécute tous les jours des Landes à La Hume et de La Hume aux Landes. Ces transports consistent principalement en fers, résines, essences de térébenthine et bois de toute espèce; en retour, les bateaux apportent aux Landes des grains, des farines, des vins, des minerais de fer, des pierres, etc.

Si nous jetons les yeux sur la carte, nous voyons que le Canal d'Arcâchon a son embouchure à La Hume, point où il doit communiquer avec le bassin d'Arcâchon, à deux kilomètres de La Teste, lorsque la première écluse aura été construite. Dans ce moment les marchandises qui doivent suivre la voie de mer sont déposées en arrivant dans les magasins de La Hume, où l'on vient les prendre avec des charrettes pour les apporter à bord des navires. Cet état de choses ne peut certainement pas durer longtemps; il est sans exemple de voir ainsi un canal arrêté à quelques centaines de mètres de la mer, lorsqu'il n'y a aucune difficulté à vaincre pour établir la communication projetée. Cependant la compagnie a épuisé jusqu'à sa dernière ressource pour rendre son Canal navigable jusqu'au point où il arrive maintenant, et il lui est impossible de faire construire l'écluse nécessaire pour atteindre le Bassin d'Arcâchon; c'est donc l'état seul qui peut désormais compléter le travail par lui-même, puisqu'il refuse de prêter, sur hypothèque, à la Compagnie des Landes, les quelques centaines de mille francs qu'elle réclame depuis cinq ans pour achever ce travail, qu'elle doit rendre en bon état au terme de la jouissance qui lui a été concédée. Espérons donc que le Gouvernement se décidera enfin à prendre un parti quelconque pour terminer la construction de cette voie, et qu'il ne laissera pas se perpétuer plus longtemps un état de choses si peu digne d'un pays comme la France.

De La Hume le Canal remonte, à l'aide de huit écluses à sas, vers le village de Cazau situé à une distance de quatorze kilomètres; sa largeur varie depuis treize jusqu'à vingt-quatre mètres au niveau de la banquette; il a une profondeur moyenne de un mètre soixante-dix centimètres. Les écluses ont vingt mètres de sas en longueur, sur une largeur de six mètres; leur chute moyenne est de deux mètres cinquante centimètres, car il y a vingt mètres de différence de niveau entre l'étang de Cazau et le Bassin d'Arcâchon. Dans son trajet de La Hume à Cazau, le Canal traverse les terrains de la Compagnie agricole et industrielle d'Arcâchon, auxquels il donne de l'eau pour l'irrigation de ses prairies et l'alimentation de ses usines. Ces terrains sont ce que l'on appelle la *plaine de Cazau*, que cette même Compagnie agricole avait entrepris de défricher et de coloniser, mais dont elle a été obligée, par suite de fautes nombreuses et de graves mécomptes, d'abandonner momentanément la mise en culture, après avoir dépensé plusieurs millions.

Le Canal, avant d'entrer dans l'étang de Cazau,

passe tout près de l'église qu'il sépare complètement du village. Ainsi que nous l'avons dit, cette ancienne paroisse fait maintenant partie de la commune de La Teste, malgré la grande distance qui sépare ces deux points l'un de l'autre. Cazau (*) a été autrefois très-fertile et très peuplé, mais il est maintenant rempli de marécages et habité par une population aussi indolente que chétive et peu nombreuse ; il n'offre plus aucun indice de son ancienne importance ni de sa prospérité passée. Tous les habitants sont cultivateurs ou résiniers.

C'est vers le milieu de l'étang de Cazau que se trouve la limite des départements de la Gironde et des Landes. Le Canal traverse cet étang dans toute sa longueur et entre ensuite dans des marais appartenant à la commune de *Biscarosse*, au lieu appelé *Navarosse*. A son entrée comme à sa sortie de l'étang, il est protégé par de larges digues garnies de plusieurs rangs de pieux et d'une ceinture de pierres et d'alios. Le passage ouvert à la navigation dans les marais présente une largeur de 7 mètres ; sa profondeur est de 1^m 50 à 2 mètres au plus. Après avoir franchi ces marais, le Canal entre dans le petit étang de Biscarosse, puis il traverse encore de nouveaux marais, et se jette enfin dans le grand étang de Parentis. Arrivées là, les barques se dirigent vers les différents points d'embarquement établis sur la côte ; les principaux sont à *Parentis*, au *Lannot de Gastes* et à *Ste-Eulalie*.

Le parcours entier du Canal d'Arcachon depuis La Hume jusqu'à Parentis et Ste-Eulalie, les étangs compris, est de 45,000 mètres. Le droit de péage est

---

(*) En patois : *Cazaous*, mot qui signifie *jardins*. Ce nom seul prouve l'ancienne fertilité de Cazau et de son territoire.

perçu à raison de 3 fr. 20 c. par tonneau de mille kilogrammes quelle que soit la nature de la marchandise. La Compagnie se charge aussi de faire opérer les transports par ses propres bateaux moyennant la somme de 8 fr. par tonneau, tout compris; elle donne en outre la faculté de se servir de ses magasins pour y déposer gratuitement pendant quinze jours les marchandises ainsi transportées. Le chef de l'administration locale du canal, à La Hume, est M. Oscar Dejean.

L'établissement de cette nouvelle voie de communication offre aux pays des avantages considérables. Ainsi le prix de transport des matières résineuses, qui arrivent en abondance à La Teste des diverses communes des Landes, a diminué de moitié; celui des marchandises expédiées de ces mêmes points sur Bordeaux a subi une réduction des deux cinquièmes par la jonction du Canal au chemin de fer de La Teste; les bois de toute espèce qui pourrissaient autrefois dans les forêts sont maintenant envoyés à Bordeaux, Rochefort, etc.; et la célérité de plus en plus grande avec laquelle ces transports s'opèrent vient encore ajouter à l'immense bénéfice que Bordeaux, La Teste, et surtout les Landes, retirent de la création, encore si incomplète, du Canal d'Arcâchon. Aussi les habitants de ces contrées font-ils des vœux bien sincères pour que le Gouvernement jette enfin les yeux sur la détresse de la Compagnie concessionnaire, et qu'il lui donne les moyens d'achever cet utile travail, s'il ne veut lui-même se charger d'en terminer l'exécution.

CHAPITRE IX.

Curiosités à recueillir dans le pays par les naturalistes.

Règne animal. — Règne végétal. — Règne minéral.

Si les alentours du Bassin d'Arcâchon n'offrent rien de curieux aux archéologues ni aux antiquaires, les amateurs d'histoire naturelle trouveront du moins à y faire une ample et riche moisson de curiosités. Nous allons indiquer ce que nous connaissons de plus remarquable dans chacun des trois règnes de la création.

§ Ier

Règne animal.

Mammifères. — Le Chevreuil *(Cervus capreolus)*: assez rare maintenant.

L'Écureuil *(Sciurus vulgaris)*: très commun; on en rencontre qui sont presque noirs.

La Genette *(Viverra genetta)* et la Marte *(Mustela martes)*; l'une et l'autre sont rares.

Plusieurs phoques ont été pris dans le bassin d'Arcâchon, mais ces animaux n'y sont pas constamment.

Oiseaux. — L'aigle Jean-le-Blanc *(falco Brachy-Dactylus)*. Très-rare.

L'Avocette à nuque noire *(Recurvirostra avocetta)*.

Le Balbuzard *(Falco haliœtus)*.

Le Bec-croisé *(Loxia curvi-rostra)*.

Le Casse-noix *(Corvus caryocatactes)*.

Le Grand-duc *(Strix bubo)*.

La Foulque macroule *(Fulica atra)*. Assez commune.

La Pie-grièche grise *(Lanius excubitor)*.

Le Pygargue *(Falco albicilla)*. Très-rare.

La Spatule blanche *(Platalea leucorodia).* Commune.

REPTILES. — La Salamandre aquatique *(Lacerta palustris).* Commune.

La Vipère *(Coluber berus).* Commune et très venimeuse.

L'Orvet *(Anguis fragilis).* On le nomme dans le pays : *Dibendres (Vendredi)* parce que le peuple croit que sa morsure est mortelle, le vendredi surtout; c'est à la fois une superstition et une erreur, car ce serpent n'est point venimeux et n'a probablement jamais mordu personne; on peut le prendre avec la main sans aucun danger.

POISSONS. — Le Cheval de mer *(Syngnatus hippocampus).*

Le Lézard de mer *(S. typhle).*

La Raie *(Raja)* de plusieurs espèces, telles que la grande raie aigle nommée dans le pays *Ponstau*, la raie bouclée, la raie lisse, la Pastinaque appelée par les pêcheurs *Haoutche* ou *Tère;* mais la plus curieuse est la Torpille *(Raja torpedo),* dont tout le monde connaît la singulière propriété électrique : elle est commune dans le Bassin :

Quant aux poissons comestibles, nous avons déjà dit qu'on en trouve de presque toutes les espèces, tant dans la mer et le bassin que dans les étangs.

INSECTES. — L'Arctie marbrée *(Arctia villica).* Rare.

L'Argyne tabac d'Espagne *(Argynnis paphia).*
Id.   grand nacré *(A. Adippe).*
Id.   petite violette *(A. Dia).*
Id.   petit nacré *(A. Lathonia).*
Id.   délie *(A. Delia).*

Le Bostriche capucin *(Bostricus capucinus)*.
Le Bousier sacré *(Atteucus sacer)*.
Le Bupreste à 8 taches *(Buprestis octoguttata)*.
    Id.   vert *(B. viridis.)*
Le Calosome sycophante *(Calosoma sycophanta)*.
La Cicindèle maritime *(Cicindela maritima)*.
Le Hanneton foulon *(Melolonta fullo)*. Rare.
    Id.   de frisch *(M. Frischii)*.
Le Mylabre à dix points *(Mylabris decem punctata)*.
La Mante prêcheuse *(Mantis oratoria)*.
La Nébrie des sables *(Nebria arenaria)*.
Le Polyommate argus satiné *(Polyommate hippothoë)*. Rare.
    Id.   de la verge d'or *(P. virgaurea)*. Rar.
Le Satyre faune *(Satyrus fauna)*.
    Id.   Phèdre *(S. Phædra)*.
Le Sphinx du Tithymale *(Sphinx Euphorbiæ)*.
Le Taupin sanguin *(Elater sanguineus)*.
Le Vanesse moris *(Vanessa antiopa)*.
Le Fourmilion *(Myrmeleo formicarius)*. La larve de ce dernier insecte tend aux fourmis des pièges en forme d'entonnoirs qu'elle creuse dans le sable; elle se tient cachée au fond de ces entonnoirs, et attend patiemment que les insectes tombent dans le précipice; s'ils n'y arrivent pas assez tôt ou qu'ils cherchent à s'échapper une fois tombés, elle fait pleuvoir sur eux avec sa tête et ses mandibules une si grande quantité de grains de sable qu'ils roulent au fond du trou; alors elle les emporte, suce leur sang, et rejette ensuite les cadavres loin d'elle.

Mollusques. — La Méduse (*Medusa aurita*).
La Sèche officinale (*Sepia officinalis*).
   id. loligo (*S. loligo*). Elle est très commune; on l'appelle dans le pays : *Laoussaoux*.
— Plusieurs espèces d'Oursins, entr'autres la Châteigne de mer (*Echinus esculentus*).
— Un grand nombre de coquilles, telles que Myes, Pholades, Pinnes, Vénus Donax, etc.

§ II.

Règne Végétal.

Parmi le grand nombre de plantes de toute espèce que l'on trouve dans ces contrées, les plus curieuses, à notre avis, sont les suivantes :

Adenocarpus parvifolius
Airopsis globosa. *Rare.*
Arbutus unedo. *Très-commun.*
Aster novi-Belgii.
Astragalus Bayonensis. *Rare.*
Atriplex rosea.
Avena thorei.
Carex trinervis.
Chara syncarpa. *Rare.*
Chironia spicata.
Cistus salviæfolius.
Cochlearia anglica, — danica.
Cytinus hypocistis.
Dianthus gallicus. *Rare.*
Diotis candidissima.
Erica polytrichifolia.
Euphorbia paralius.

Exacum candollii.
Festuca sabulicola.
Glaucium flavum.
Hieracium eriophorum.
   Id. prostratum.
Isoëtes lacustris. *Très-rare.*
Juncus acutus. *Rare.*
Id. heterophyllus. *Rare.*
Kœleria albescens.
Linaria thymifolia.
Lychnis læta. *Rare.*
Lycopodium inundatum
Lobelia dortmanna. *Commune.*

N. B. Cette plante ne croît, en France, que sur les bords de l'étang de Cazau et du Canal d'Arcachon.

Malaxis Loeselii. *T.-R.*

Medicago marina. *Rare.*
Narcissus bulbocodium. *Rare.*
Pilularia globulifera.
Rottbolla filiformis.
Ruppia maritima. *Rare.*
Scirpus tenuifolius.
Statice auriculæfolia.
Statice dichotoma.
Trachynothia stricta. *Rare.*
Triglochin barrelieri. *Rare.*
Umbilicus pendulinus. *Rare.*

Enfin un grand nombre de mousses, hépathiques, lichens, algues, champignons et autres cryptogames très-curieux dont il nous est impossible de donner la nomenclature, trop longue pour trouver place dans cette rapide énumération.

§ III.
Règne minéral.

Les minéraux propres à la localité sont à peu près nuls; on ne rencontre que le *Quartz arénacé*, dont les dunes du littoral sont presque entièrement formées, et le *Fer oxidé, hydraté, concrétionné et massif*. Les argiles ne présentent aucun caractère remarquable.

Toutes les autres espèces minérales que l'on peut recueillir proviennent des chargements de pierres apportés de la Bretagne par les caboteurs du port de La Teste; ce sont des gneiss, des schistes avec mâcles et grenats, des granits, des chaux carbonatées, des fers pyriteux, globuliformes, etc.

On trouve aussi parfois dans la contrée quelques substances volcaniques, mais elles viennent d'autre part et sont loin d'appartenir aux environs de La Teste, qui n'ont jamais ressenti la moindre influence volcanique.

FIN.

TABLE.

Pages.

Chapitre Ier. — *Chemin de fer de Bordeaux à La Teste*. . . . . 1.

Chapitre II. — *Voyage de Bordeaux à La Teste*. — Renseignements pour le départ. — Itinéraire. . . . . 4.

Chapitre III. — *La Teste*. — Quelques mots sur la ville, sa population, etc. — Hôtels. — Appartements à louer dans les maisons particulières. — Renseignements divers . . . . 28.

Chapitre IV. — *Bains*. — Propriétés des bains de mer. — Bains à prendre à La Teste même. — Établissements situés sur la côte. — Maisons à louer sur la côte. — Bains de sable . . . . 37.

Chapitre V. — *Bassin d'Arcâchon*. — Aperçu général. — Chapelle d'Arcâchon. — Ile des Oiseaux. — Pêche. — Chasse aux canards sauvages. . . . . 43.

	Pages
Chapitre VI. — *Communes limitrophes du bassin d'Arcâchon.* — Gujan. — Le Teich. — Biganos. — Audenge. — Lenton. — Andernos. — Lège	50.
Chapitre VII. — *Excursions diverses aux environs de La Teste.* — Promenades sur le Bassin. — Id. sur le Canal d'Arcâchon. — Promenades diverses par terre	57.
Chapitre VIII. — *Canal d'Arcâchon.*	65.
Chapitre IX. — *Curiosités à recueillir dans le pays par les naturalistes.* — Règne animal. — Règne végétal. — Règne minéral	70.

Bordeaux, imprimerie de Cruzel, rue des Ayres, 28.

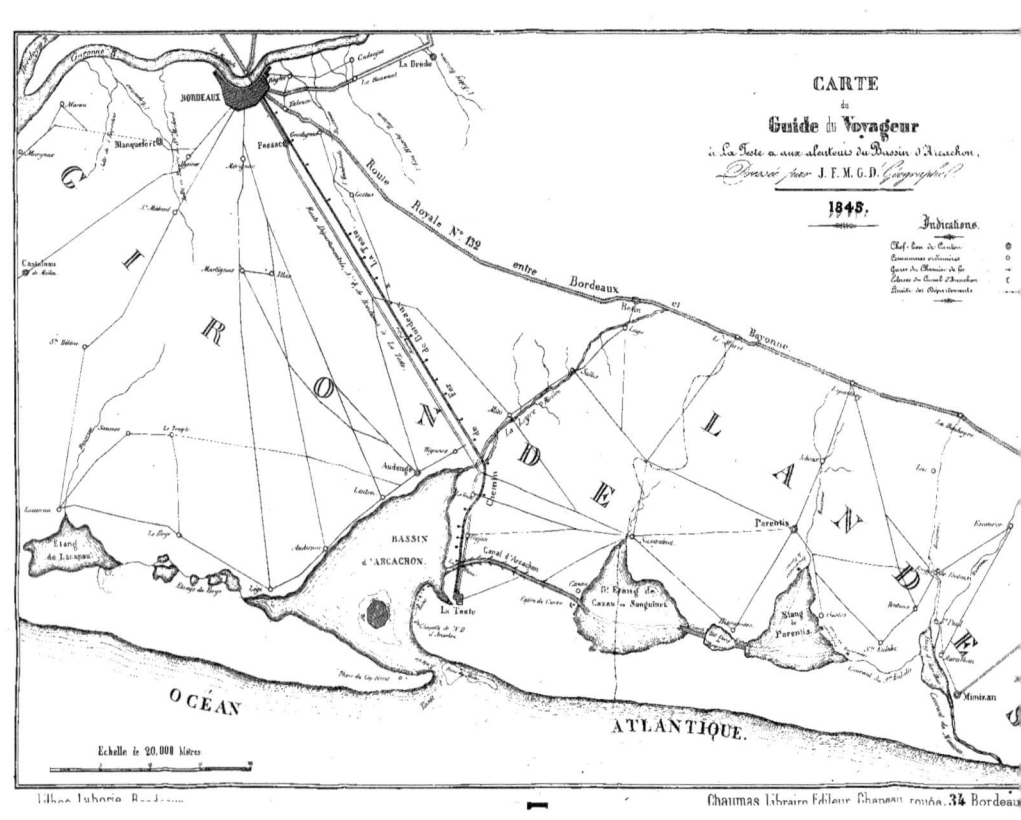

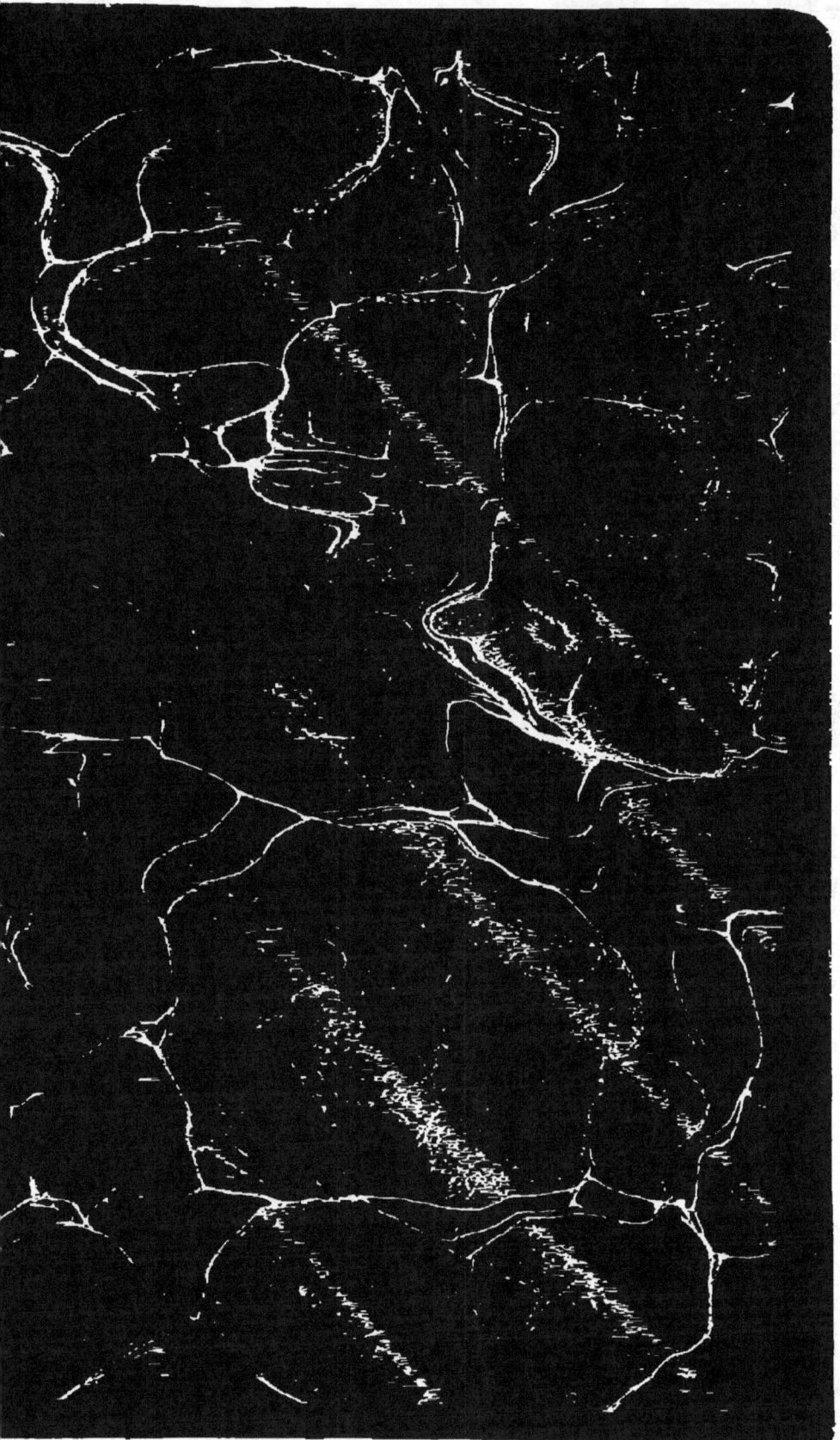

www.ingramcontent.com/pod-product-compliance
Lightning Source LLC
LaVergne TN
LVHW050634090426
835512LV00007B/855